Ralf Schwob
Das Präsidium

Ralf Schwob

DAS PRÄSIDIUM

Frankfurt-Krimi

1. Auflage

Alle Rechte vorbehalten · Societäts-Verlag
© 2021 Frankfurter Societäts-Medien GmbH
Satz: Bruno Dorn, Societäts-Verlag
Umschlaggestaltung: Julia Desch, Societäts-Verlag
Umschlagabbildung: Karsten Ratzke, Wikimedia Commons
Druck und Verarbeitung: CPI books GmbH, Leck
Printed in Germany 2021

ISBN 978-3-95542-410-7

Wir brauchen Glück & Geld
Mehr Glück & Geld
Säckeweise Glück & Geld
Extrabreit

How do the angels get to sleep,
When the devil leaves the porchlight on.
Tom Waits

Für Ilka – weil du recht hast, wenn du irrst

FRANKFURT AM MAIN, MÄRZ 2009

Endlich wieder AC/DC live in Deutschland. Das Konzert in der Festhalle war schon seit Monaten ausverkauft. Keine 12 Minuten hatte es gedauert, als im vergangenen Oktober die Karten in den Vorverkauf kamen, bis sie auch schon wieder weg waren.

Die Fans kamen mit der U-Bahn vom Hauptbahnhof oder sprangen aus Autos, die kurz vor der Halle hielten. Der Gewitterschriftzug der Band war überall auf dem Vorplatz zwischen dem Messeturm und den Absperrgittern der Halle zu sehen: auf Jeansjackenrücken, auf T-Shirts, auf Baseball Caps und Schals. Es war gerade mal 16 Uhr vorbei und noch taghell, aber vor der Halle hatte sich schon eine Menschentraube gebildet, im Kampf um die besten Plätze im Innenraum.

Maik hielt die beiden Tickets am ausgestreckten Arm in die Höhe und sah sich um. Ein paar Headbanger glotzten zu ihm rüber und stießen sich gegenseitig an, schienen aber nicht interessiert. Er überlegte, ob er vielleicht etwas rufen sollte, so wie es einige der anderen Schwarzmarkthändler taten. Aber eigentlich war ja klar, was er hier anbot. Man musste wohl nur ein bisschen Geduld haben.

Er ging ein paar Schritte, zeigte seine Tickets und blieb wieder stehen. Aus einer Gruppe Jeansjackenträger löste sich einer und kam auf ihn zu.

Der Typ war fast einen ganzen Kopf kleiner als Maik, hatte einen Fusselbart und trug eine Angus-Young-Kappe mit Teufelsohren.

»Was willstn dafür haben?«

»300 für beide«, sagte Maik. »Ist 'n Schnäppchen.«

»Ich brauch aber nur eine.«

»Okay, dann kostet's aber mehr.«

»Wieviel?«

Maik tat einen Moment lang so, als würde er eine schwerwiegende Entscheidung treffen müssen, dann sagte er gönnerhaft: »170, weil du's bist.«

Der Kleine machte ein Gesicht, als habe er auf eine Zitrone gebissen. »170 Euro? Echt jetzt?«

»Hör zu, nimm das Ticket oder lass es bleiben, aber diskutier nicht mit mir rum, okay?«

»Also, ich weiß nicht ...«

Maik zuckte mit den Achseln, sah sich demonstrativ um und hielt die Karten wieder in die Höhe.

»Ja, gut, okay«, hörte er den Kleinen hinter sich eifrig sagen, kaum dass er sich von ihm weggedreht hatte. »Ich nehm eine.«

Maik grinste. Der Kleine fingerte seine Brieftasche aus der Jeans, holte drei Fünfziger und einen Zwanziger heraus und gab sie Maik, der ihm im Gegenzug eine der Karten aushändigte.

»Die sieht aber komisch aus ...« Der Kleine musterte das Ticket argwöhnisch.

»Sind Pressekarten.«

»Echt jetzt?«

»Wenn ich's dir sage. Wenn du Glück hast, kommste damit auch Backstage.«

Der Kleine nickte zögerlich, warf Maik noch einen kritischen Blick zu und verschwand dann in der Menge.

Wenn das mit der zweiten Karte genauso einfach lief, würde er das öfter machen. Mal hier vor der Festhalle, mal drüben in Offenbach, wenn ein Konzert in der Stadthalle ausverkauft war. Leicht verdiente Kohle ...

Leider lief es mit dem zweiten Ticket überhaupt nicht gut. Ein Typ handelte ihn auf einen Hunderter runter und hatte dann gar kein Geld dabei, und eine Tussi, die beim Reden die Kippe nicht aus dem Mund nahm, bot ihm allen Ernstes den regulären Preis abzüglich Vorverkaufsgebühr. Maik beschloss, noch eine Runde zu drehen und es dann später erneut zu versuchen, wenn der Markt ausgedünnt wäre, als plötzlich der Kleine mit dem Fusselbart wieder vor ihm stand. In seiner Begleitung war ein Ordner in gelber Signalweste sowie zwei grimmig dreinschauende Typen in schwarzen Lederjacken.

»Das ist gar keine Pressekarte, das ist eine Fälschung!«, schrie ihn der Fusselbart an, seine Stimme überschlug sich fast dabei.

Maik sah, wie der Ordner ein Funkgerät von seinem Gürtel nahm und eine Taste drückte.

»Ich will mein Geld wieder, du Arsch!«, brüllte der Kleine. Die beiden Lederjackentypen flankierten ihn mit verschränkten Armen.

»Okay, okay … alles klar, kein Problem, Kumpel.« Maik hob beschwichtigend die Hände, dann griff er in seine Jackentasche und tat so, als suche er darin nach dem Geld.

Der Ordner drehte sich jetzt ein Stück von ihm weg und sprach in seine Handgurke, aus der Verbindungsrauschen zu hören war.

»Hab's gleich«, sagte Maik.

Der Fusselbart presste die Lippen zusammen, aber die beiden Ledertypen entspannten sich etwas. Maik zog die geballte Faust aus der Tasche, hielt sie am angewinkelten Arm vor das Trio und spreizte den Mittelfinger ab. Dann rannte er los.

Maik rannte in Richtung Hauptbahnhof, der Verkehr auf der Ebert-Anlage war viel zu dicht, als dass er die Straße hätte überqueren können, also blieb ihm zunächst nichts anderes übrig, als einfach weiter geradeaus zu laufen. Am Kastor-Tower hatte er das Gefühl, seine Verfolger abgehängt zu haben und drehte sich kurz um. Die beiden Lederjacken waren deutlich zurückgeblieben, holten aber auf, und solange er auf offener Straße war, würden sie ihn auch nicht aus den Augen verlieren. Maik spürte schon jetzt seine Lungen brennen, lange würde er das Tempo nicht mehr durchhalten. Er konnte nur hoffen, dass die beiden Typen genauso starke Raucher waren wie er selbst. Bei dem einen schien das auch tatsächlich der Fall zu sein, denn als er sich zum zweiten Mal umdrehte, sah er nur noch einen der beiden knapp hinter sich, der allerdings schien ziemlich trainiert zu sein und holte beständig auf. Maik passierte die Matthäuskirche – kurz hinter deren Seiteneingang lag eine Hofeinfahrt, dessen Gittertor nicht ganz geschlossen war. Kurz entschlossen schlüpfte Maik hindurch und gelangte auf einen Hinterhof, in dem Unkraut zwischen aufgebrochenen Betonplatten hervorwuchs und ihm ein einstöckiger schmaler Querbau mit zugemauerten Fenstern Schutz bot.

Maik presste sich mit dem Rücken gegen die alte Mauer und lauschte auf die Schritte seines Verfolgers, aber das Einzige, was er hören konnte, war sein eigener abgehackter Atem, das Hämmern seines Pulsschlags in den Schläfen und das Rauschen seines Blutes in den Ohren. Er schloss für einen Moment die Augen, legte den Kopf in den Nacken und schnappte gierig nach Luft. Als er die Augen wieder öffnete, sah er den Turm der Matthäuskirche mit dem goldenen Kreuz obenauf, ein geradezu surrealer Anblick neben den verspiegelten Hochhausfassaden und dem alles überragenden Messeturm im Hintergrund.

Maik trat einen Schritt vor, spähte schnell um die Ecke des Mauervorsprungs und zog sich wieder zurück. Von seinem Verfolger war nichts mehr zu sehen. Offenbar hatte er Maiks Flucht in den Hof nicht bemerkt und war einfach geradeaus weiter gerannt. In der Ferne hörte er das gleichmäßige Verkehrsrauschen der Straße, ein kleiner Vogel hüpfte vor seinen Füßen über die gesplitterten Gehwegplatten und pickte hektisch in den Zwischenräumen herum.

Maiks Herzschlag und seine Atmung normalisierten sich wieder langsam. Er beschloss, noch ein bisschen weiter in den Hof zwischen den mehrstöckigen verwinkelten Gebäuden mit den vielen toten Fenstern vorzudringen. Der gelbe Fassadenanstrich war an einigen Stellen mit Graffitis beschmiert worden, hier und da bröckelte die Farbe von den Außenwänden. Maik hatte von diesem Ort gehört: Zwischen der Matthäuskirche und der Mainzer Landstraße erstreckte sich der Gebäudekomplex des alten Frankfurter Polizeipräsidiums, das seit einigen Jahren leer stand. Die Polizei war in ihr neues Hauptquartier an der Adickesallee umgezogen und seitdem vergammelte hier der alte labyrinthartige Kasten mit der historischen Fassade.

Das alte Präsidium war irgendwann in den 60er Jahren noch um einen Neubau zur Mainzer Landstraße und zur Ludwigstraße hin erweitert worden, wodurch ein zweiter Innenhof entstanden war. Hier gab es noch eine einsame Bogenlampe und eine auf zwei Betonpfeilern ruhende geschwungene Tankstellenüberdachung, unter der sich wohl einmal Zapfsäulen für die Einsatzfahrzeuge befunden hatten. Auf dem Boden des Hofs waren sogar noch die weißen Markierungsstreifen der Parkplätze zu sehen. Der vierstöckige rechtwinklig angelegte Neubau sah allerdings noch heruntergekommener aus als das alte Gebäude, der weiße Verputz blätterte großflächig von der Fassade und an einigen Stellen war Feuchtigkeit ins Mauerwerk eingedrungen.

Maik war derart vertieft in die Betrachtung des verfallenden Gebäudes, dass er den Angriff erst bemerkte, als es schon zu spät war. Er wurde gepackt und mit dem Rücken gegen die Hauswand geschleudert, der Lederjackentyp drückte ihm den Unterarm gegen den Kehlkopf.

»So, du Arsch, und jetzt rück die Kohle raus!«

Maik krächzte, er bekam kaum Luft. Sein Herz raste. Er hatte keine Ahnung, wie es der Kerl geschafft hatte, sich unbemerkt an ihn heranzuschleichen.

»Dann wollen wir doch mal sehen ...« Lederjacke nagelte ihn mit dem rechten Unterarm an die Wand und durchwühlte mit der linken Hand Maiks Taschen. Er fuhr ihm unter die Jacke, Maik spürte die Finger des Typs an seinem Bauch und seiner Brust entlangtasten, schließlich bekam er ein zerknautschtes Päckchen Camel und Maiks altes Zippo zu fassen, dann ein benutztes Taschentuch.

Lederjacke gab einen überraschten Laut von sich und ließ die Rotzfahne fallen.

»Wo hast du's, verdammt?«

Maik röchelte. Das Geld hatte er sich in die Unterhose gesteckt. Bei dem Gedanken, dass Lederjacke als nächstes seine Wurstfinger auch da reinstecken würde, wurde ihm schlecht.

»Mach's Maul auf!« Der Druck des Unterarms wurde etwas gelockert.

»Ich geb's dir ja ...«, stieß Maik mühsam hervor. Er öffnete den obersten Knopf seiner Jeans und pulte das Geldbündel heraus.

Der Lederjackentyp verzog angeekelt das Gesicht, hatte jetzt aber nur noch Augen für das Geld. Genau darauf hatte Maik gewartet.

»Hey, guck mal!«

Lederjacke hob den Kopf und sah Maik an, der im selben Moment seinen Kopf nach vorn schnellen ließ. Er spürte, wie seine Stirn auf die Nase des vollkommen überraschten Kerls traf, der sofort zurücktaumelte und sich die Hände schützend vors Gesicht hielt.

Scheiße, dachte Maik, das funktioniert ja wirklich. Bisher hatte er so etwas nur in Filmen gesehen. Dann rannte er erneut los.

Eigentlich wollte er zurück zur Straße, lief aber in die falsche Richtung und gelangte so auf die andere Seite des alten Präsidiums. Sich umzudrehen traute er sich nicht, weil er dann Lederjacke in die Arme laufen würde und der war jetzt mit Sicherheit maximal angepisst.

Maik entdeckte einen Zugang zum Gebäude, der etwas versteckt in einer Ecke lag. Er hatte kaum Hoffnung, dass er die Tür würde öffnen können, warf sich aber trotzdem gegen das massive Türblatt und stolperte dann regelrecht in den kleinen Vorraum, als das Schloss sofort nachgab. Maik taumelte vornübergebeugt gegen die Wand, die seinen Fall stoppte. Vor ihm führte ein schmaler Gang ins Innere des Gebäudes. Diesmal würde er vorsichtig sein. Maik schloss die Außentür und blockierte sie notdürftig mit einem ausgeschlachteten Aktenschrank, den er aus der Ecke des Vorraums zog, dann machte er sich auf den Weg.

Er gelangte in einen im Halbdunkel liegenden langgestreckten, leicht abschüssigen Raum und holte sein Zippo aus der Jackentasche, um besser sehen zu können: Am Boden verschraubte Sitzreihen mit Holzstühlen und Tischen zogen sich bis vor eine Tafel am anderen Ende des Raums, es sah aus wie ein Klassenzimmer oder ein Hörsaal in Kleinformat. Wahrscheinlich, so dachte er, waren hier mal Polizeischüler unterrichtet worden. Jetzt lag überall auf den Tischen Staub und feuchter Putz, der von der Decke gefallen war. Auf der anderen Seite des

Raums wurde es wieder heller, und er gelangte in einen Flur, an dessen Seite eine Fensterfront verlief, durch die er in einen verwahrlosten Innenhof sehen konnte. Maik setzte seine Schritte mit Bedacht, auf dem Boden lagen Scherben und Bretter, aus denen lange Nägel ragten, in einer Ecke lag ein halbaufgerolltes Knäuel Stacheldraht. Er tastete sich langsam voran, schließlich öffnete sich der Gang und mündete in den hohen Eingangssaal des alten Präsidiums.

Maik stand wie betäubt zwischen den mächtigen Marmorsäulen und Rundbögen. Eine breite Steintreppe führte auf eine Empore, von der aus dann rechts und links die langen Freitreppen ins Obergeschoss führten. Die massiven Geländer waren reich verziert und alles lag im fahlen Licht, das durch die fast vollständig verglaste Rückfront des Treppenhauses fiel. Die hohen Fenster mit ihren verschnörkelten Einlassungen und Intarsien wirkten auf Maik fast wie Kirchenfenster. Er wusste, dass sich nur ein paar Meter entfernt hinter seinem Rücken, hinter den mehrfach verrammelten hohen Außentüren des Gebäudes, die mehrspurige Straße der Friedrich-Ebert-Anlage befand, auf der ein ständiger, nie endender Verkehr herrschte – aber davon war hier drin nichts zu spüren. Es war, als hätte jemand einen Schalter betätigt und die Welt da draußen einfach abgeschaltet.

ZEHN JAHRE SPÄTER

DONNERSTAG, 6. JUNI 2019

Die S-Bahn und auch die Regionalbahn nach Frankfurt hatten Verspätung. Als Thomas Danzer an diesem Morgen am Dornberger Bahnhof ankam, konnte er schon die unruhigen Berufspendler am Gleis 4 stehen sehen.

Einen Moment lang überlegte er, wieder kehrtzumachen, aber Steffen hatte ihn schon von weitem gesehen. Er stand mit flatternder Krawatte am Geländer der Unterführung und wischte stirnrunzelnd auf seinem Handy herum.

»Notarzteinsatz am Gleis zwischen Riedstadt und Groß-Gerau«, sagte er, als Thomas die Treppe heraufkam, und malte mit den Fingern Anführungszeichen in die Luft. »Da hat sich mal wieder so ein armer Irrer vor den Zug geworfen und wir dürfen es ausbaden.«

Thomas zog sich das Sakko vor der Brust zusammen. Die Sonne stand schon über dem Einkaufsmarkt, der direkt unterhalb des Bahnhofs lag, aber hier oben wehte ein kühler Wind. Ein Mensch war also tot, nur dass das hier niemanden interessierte. Die Pendler an Gleis 4 fluchten über die Verspätung und bestätigten sich gegenseitig, dass auf die Bahn eben kein Verlass mehr sei. Eine junge hübsche Frau im Businesskostüm stöckelte aufgeregt den Bahnsteig auf und ab und telefonierte. Als

15

sie an ihnen vorbeikam, zwinkerte Steffen ihr zu, und die Frau verdrehte genervt die Augen.

»Die steht auf mich, haste gesehen?«

»Klar, alle stehen auf dich, weißte doch.«

Steffen lachte und steckte sein Handy wieder ein, dann stutzte er und sah Thomas überrascht an. »Ich dachte, du arbeitest gerade von zu Hause aus?«

»Normal schon, aber wegen der Feiertage haben wir heute noch Konferenz, und der Chef mag das nicht online machen«, entgegnete Thomas achselzuckend und wunderte sich, wie mühelos ihm die Lüge über die Lippen kam.

»Ach, ich dachte, du bist jetzt der Chef?«

»Bei mir im Homeoffice vielleicht.«

»Na immerhin…« Steffen lächelte gönnerhaft. Während Thomas sich hauptsächlich um die Kreditvergabe an Bausparer und Kleinanleger kümmerte, saß Steffen im Obergeschoss eines Frankfurter Bankenturms an der Taunusanlage und hantierte mit millionenschweren Portfolios privater Anleger.

Im Lautsprecher über dem Bahngleis knackte es. »Es hat Einfahrt die Regionalbahn nach Frankfurt…«

Sofort kam Bewegung in die Menschen am Bahnsteig. Steffen stieß sich vom Geländer ab und Thomas folgte ihm. Sie fanden einen Platz im unteren Teil der Bahn, die sich, kaum dass sie Platz genommen hatten, in Bewegung setzte. Der Wasserturm und die alte schon halb abgerissene und entkernte Schule zogen draußen vor dem Fenster vorbei. Hier hatten sie damals ihr Abitur gemacht und manchmal an Sommerabenden mit einem Sixpack Bier draußen gesessen und sich gegenseitig Karrieren angedichtet. Thomas schloss die Augen. Steffen Kleinschmidt wurde von allen früher nur der »kleine Schmidt« genannt, was ein ziemlich müder Witz war, denn mit etwas über einem Meter achtzig war er eigentlich nicht besonders klein. Er hatte auch keinen größeren Bruder oder so, den man den »großen Schmidt« genannt hätte. Irgendwer hatte irgendwann halt mal »kleiner Schmidt« statt »Kleinschmidt« zu ihm gesagt und das war dann hängengeblieben. Er selbst wurde damals einfach nur Tommy oder mal ›der Danzer‹ genannt.

Thomas öffnete die Augen und sah, dass Steffen schon wieder auf sein Handy starrte. Ihm war es recht, er hatte keine Lust, sich mit ihm zu unterhalten. Normalerweise wären sie sich ja auch gar nicht begegnet. Dass sich ausgerechnet heute jemand vor den Zug wirft, damit konnte ja keiner rechnen – obwohl, eigentlich musste man doch immer damit rechnen. Auf einmal wunderte er sich darüber, dass so etwas nicht viel häufiger vorkam. Wie viele Menschen im Jahr das wohl versuchten? Und dabei erfolgreich waren? Ein Impuls durchfuhr ihn, sein Handy herauszuholen und es zu googeln, aber dann rief er sich zur Ordnung, das führte doch zu nichts.

»Und? Schon was vor über Pfingsten?«, fragte Steffen ohne vom Display seines Handys aufzusehen.

Thomas schüttelte den Kopf. »Am Sonntag holen wir meinen Vater aus dem Heim zum Mittagessen, ansonsten ist, soviel ich weiß, eigentlich nichts weiter…«

»Verstehe schon«, grinste Steffen, »Petra legt die Musik auf, zu der getanzt wird.«

»Wenn du meinst…«

»Ach komm schon! Ich weiß doch, wie das ist.« Steffen steckte das Handy in die Innentasche seins Jacketts und gähnte. »Meinst du, das ist bei mir anders? Tati hat zu Hause die Hosen an.« Er machte eine Kunstpause, dann fügte er süffisant hinzu: »Naja, manchmal auch nicht, da hat sie gar nichts an…«

Thomas machte ein säuerliches Gesicht und sagte nichts. Steffen war eigentlich ganz in Ordnung, neigte aber zu schlüpfrigen Bemerkungen, die niemand hören wollte. Nach dem Abitur hatten sich damals ihre Wege getrennt. Steffen hatte BWL studiert, war weggezogen und erst jetzt über 20 Jahre später wieder nach Groß-Gerau zurückgekommen. Thomas hingegen hatte am Ort eine Ausbildung zum Bankkaufmann gemacht, später geheiratet, eine Familie gegründet und war vor ein paar Jahren zu einer Frankfurter Bank in die Kreditabteilung gewechselt. Ein letzter kleiner Karrieresprung, dachte er und merkte, wie sein Magen dabei rebellierte.

»Dem Junior geht's gut?« Steffen schien jetzt richtig in Plauderlaune zu sein. Der Zug hielt in Mörfelden, wo sich noch mehr gestrandete Pendler in die Abteile quetschten.

»Ja«, sagte Thomas, »arbeitet fleißig an seinem Abitur.«

Steffen nickte und kam nicht mehr auf das Thema zurück, was Thomas nur recht war. Benny und seine Aktivitäten schlugen ihm genauso auf den Magen wie der Gedanke an die Bank. Es gab momentan allgemein wenig, was ihm keine Magenschmerzen bereitete.

In Walldorf wurden die Wartenden am Bahnsteig aufgefordert zurückzubleiben und nicht einzusteigen. Mittlerweile pressten sich die Leute wie die Heringe in der Dose im engen Gang aneinander. Es roch herb-süßlich nach verschiedenen Aftershaves und Parfüms und ein bisschen nach Schweiß. Thomas atmete möglichst flach, um nicht auf der Stelle in den Wagen zu kotzen, das hätte jetzt gerade noch gefehlt.

Als der Zug schließlich über den Main fuhr und die Frankfurter Skyline in Sicht kam, beugte sich Steffen um den Mann, der sich in der Sitzreihe einfach zwischen sie gestellt hatte, herum und sagte: »Samstagabend? Grillen? Bei uns?«

»Ich weiß nicht, da muss ich erst…«

»Du musst gar nichts, ich habe Tati vorhin eine Nachricht geschickt, die klärt das schon mit Petra.«

Thomas holte Luft, um etwas zu sagen, aber dann ließ er sich in den Sitz zurückfallen und sagte nichts. Der Mann zwischen ihnen hielt sich am Gepäckfach über ihnen fest und machte ein teilnahmsloses Gesicht. Kurz bevor der Zug in den Bahnhof einfuhr, hörte er Steffens Handy klimpern.

»Petra hat schon zugesagt, sie freut sich und macht einen Salat. Ich grille und sorge fürs Bier. Du musst dich mal wieder um nichts kümmern, du Glückspilz.«

Sie standen auf und wurden zusammen mit den anderen auf den Bahnsteig gespült. Thomas bekam vor Wut immer noch keinen Ton heraus, aber wenigstens bekam er hier draußen wieder besser Luft. Die Übelkeit ließ etwas nach, nur das Kotzgefühl wollte einfach nicht verschwinden. In der S-Bahn zur Taunusanlage überlegte er, wie er Steffen loswerden konnte, aber ihm fiel nichts ein.

Als sie sich wenig später dem Garden Tower in der Neuen Mainzer Straße näherten, verlangsamte Thomas seine Schritte und hoffte, dass Steffen ihn überholen würde, aber der dachte gar nicht daran.

»Also dann«, sagte Thomas, »bis morgen.« Er steuerte auf die Glasschiebetüren zu und blieb dann stehen.

»Ja, super, bis dann!« Steffen winkte und entfernte sich ein Stück, da klingelte sein Handy.

Anstatt telefonierend weiterzugehen, blieb er stehen und sah beim Sprechen lächelnd in Thomas' Richtung, der sich nicht von der Stelle rührte. Durch die verglaste Schiebetür konnte er sehen, wer am Empfang Dienst hatte. Ausgerechnet die Hingst, Beate Hingst, die elegante, korrekte und immer freundliche

Frau Hingst, die jeden Mitarbeiter des Hauses mit Vor- und Zunamen kannte und genau wusste, wer wo hingehörte.

Thomas zögerte. Steffen telefonierte immer noch, sah zu ihm rüber, winkte. Thomas hob kurz die Hand. Er musste jetzt da rein, wenn er kein Misstrauen erregen wollte.

Die Schiebetür glitt zur Seite. Er betrat den klimatisierten Eingangsbereich und sah, wie die Hingst sich mit einem Lächeln hinter dem Empfangstresen erhob, aber mit einer Hand unter die Holzverschalung griff, wo sich die Alarmknöpfe befanden.

»Bitte«, flüsterte er der Frau zu, »ich bin gleich wieder weg.«

Beate Hingst hob die Augenbrauen. »Wenn Sie Ärger machen wollen, Herr Danzer ...«

Thomas schüttelte heftig den Kopf. »Keinen Ärger, nein, wirklich nicht, geben Sie mir bitte nur eine Minute ...«

Er sah gehetzt über seine Schulter durch die Verglasung nach draußen. Steffen stand immer noch ein paar Meter vom Eingang entfernt und telefonierte. Er hatte eine Hand in der Tasche, mit der anderen hielte er sich das Handy ans Ohr. Thomas wandte sich wieder an die Hingst, die sich etwas entspannte, den Finger aber nicht vom Notruf nahm. Sie trug ein marineblaues Kleid und eine Perlenkette. Thomas konnte das abgetönte Make-up auf ihrer Gesichtshaut sehen und den akkurat aufgetragenen blassroten Lippenstift.

»Frau Hingst, es gibt keinen Grund zur Beunruhigung, bitte, Sie kennen mich doch.«

»Ich muss Sie jetzt trotzdem auffordern zu gehen, Herr Danzer.«

»Natürlich, natürlich ...«, entgegnete er und nickte heftig, blieb aber stehen. Sein Blick wanderte zu der Seitentür, hinter der immer jemand von der Security in Bereitschaft war.

»Sofort«, stieß die Hingst gepresst hervor.

Thomas machte kehrt. Die Schiebtür glitt zur Seite und er trat mit angehaltenem Atem auf den Vorplatz und sah sich um. Steffen war nicht mehr da.

Er schaffte es bis zur Taunusanlage, dort übergab er sich hinter eine Parkbank. Danach ging es ihm besser. Er lockerte seine Krawatte, nahm sie dann ganz ab und stopfte sie in seine Ledertasche. Er öffnete die oberen Hemdknöpfe, ließ sich auf der Bank nieder und schloss die Augen. Die Sonne hatte schon deutlich an Stärke gewonnen und wärmte sein Gesicht. Er hörte die gleichmäßigen, federnden Schritte eines Joggers vorbeitraben. Jemand rief nach einem Hund. Ein anderer lachte. Das Geräusch eines Skateboards, das vom Boden abhob und kurz darauf wieder krachend aufsetzte.

Warum hatte er zur Bewältigung seiner Midlife-Crisis nicht eine der klassischen Methoden gewählt wie andere Männer auch? Er hätte sich einen Sportwagen leasen, für den Frankfurt-Marathon trainieren oder sich in eine peinliche Affäre stürzen können – stattdessen hatte er sein Gewissen entdeckt.

***

Zorans Arglosigkeit war wie immer beeindruckend. Er plapperte, scherzte und spielte Maik seine neuen Lieblingssongs auf dem Smartphone vor, als wären sie tatsächlich nur zwei alte Freunde auf dem Weg in ein verlängertes Pfingstwochenende. Das Kokain im Wert von einer guten Viertelmillion Euro im Kofferraum schien ihn nicht im Geringsten zu beunruhigen. Zoran war ein schlichtes Gemüt und manchmal glaubte Maik, dass sein alter Kumpel einfach zu doof war, um Angst zu haben.

Er selbst hingegen war jedes Mal vor allem am Anfang ziemlich nervös. Bei jeder Wagenübernahme sah er sich hektisch um, fest davon überzeugt, dass jeden Moment schwerbewaffnete Polizisten brüllend aus den Büschen springen und sie alle hochnehmen würden. Zorans flache Witzchen, seine Bums-Geschichten und Angebereien brachten Maik aber immer wieder runter. Andere hätte Zoran damit wahrscheinlich genervt und aggressiv gemacht, aber auf ihn hatte er einfach eine beruhigende Wirkung, und das allein rechtfertigte schon, ihn dabeizuhaben.

Sie waren seit knapp zwei Stunden unterwegs. Auf der Autobahn herrschte streckenweise bereits dichter Verkehr, obwohl erst Donnerstag war. Offenbar konnten es sich einige Leute leisten, sehr frühzeitig ins lange Wochenende aufzubrechen. Eine halbe Stunde vor dem Fahrerwechsel nickte Zoran mit dem Kopf am Seitenfenster ein und sabberte die Scheibe voll. Kurz vor dem Rastplatz Lorsch Ost weckte Maik seinen Freund, der auf einmal ungewöhnlich schweigsam war und nur noch verbissen durch die Windschutzscheibe starrte.

Maik nahm die Abfahrt, die zum Rasthof führte, ein überladenes Wohnmobil mit niederländischem Kennzeichen tuckerte behäbig vor ihnen her auf den Parkplatz.

Sie stellten den Wagen in Sichtweite der Tankstelle und des Schnellrestaurants ab, stiegen aus und streckten sich. Zoran klopfte eine Zigarette aus seinem Päckchen, steckte sie sich zwischen die Lippen, zündete sie aber nicht an, sondern blinzelte in die Sonne, als warte er auf eine geheime Botschaft aus dem All. Er trug Jeans und ein braunes Polohemd, an den Füßen nigelnagelneue Nike-Sneakers. Leger, aber gepflegt, so erregte man am wenigsten Aufsehen. Maik hatte sich für beige Chinos und ein schwarzes Kurzarmhemd entschieden. Er sah mit gerunzelter Stirn zu seinem Kumpel rüber, der immer noch mit der Zigarette im Mund dastand und über irgendetwas nachzudenken schien.

»Hey, alles klar?«

Zoran reagierte erst nicht, dann drehte er sich langsam in Maiks Richtung. »Hm? Haste was gesagt?«

»Ich hab dich gefragt, ob alles klar ist?«

»Ja, schon, alles klar. Ich mach mir halt nur auch so meine Gedanken, weißt du ...«

»Ach ja? Und über was machst du dir so ... Gedanken?«

Zoran hob die Schultern und ließ sie wieder fallen. Die Sache gefiel Maik nicht. Wenn einer wie Zoran anfing, sich Gedanken zu machen, konnte das nur in die Hose gehen. Er ging einen Schritt auf seinen alten Kumpel zu, legte ihm eine Hand auf die Schulter, zog sein Zippo aus der Hosentasche und gab ihm Feuer.

»Hör mal, wenn es da was gibt, das ich wissen sollte, dann raus damit, und zwar gleich.«

Zoran sah ihn einen Moment lang mit einem Blick an, den Maik nicht zu deuten wusste, dann zog er an der Zigarette, stieß den Rauch durch Mund und Nase und schüttelte den Kopf.

»Ich geh uns da drüben mal zwei Kaffee holen«, sagte Maik und deutete mit dem Kinn zur Raststätte hinüber. »Tankst du schon mal den Wagen?«

Zoran nickte und nahm die Autoschlüssel entgegen. Auf halbem Weg drehte Maik sich ein weiteres Mal um und sah, dass sein Kumpel die halbgerauchte Zigarette ausgetreten und sich schon hinters Steuer gesetzt hatte.

Obwohl der Parkplatz vor dem Rasthof fast leer war, herrschte im Selbstbedienungsbereich Hochbetrieb. Familien mit quengelnden Kindern und Rentnerpaare, die umständlich ihr Geld abzählten, bevor sie etwas aus der Theke nahmen, belagerten den kleinen Verkaufsraum. Maik fragte sich, woher auf einmal all die Leute kamen, dann sah er durch die Vollverglasung zwei Fernbusse hinter der Raststätte stehen. Einen Moment lang dachte er daran, auf den Kaffee zu verzichten, aber dann stellte er sich doch an. Sie waren gut in der Zeit, alles lief wie am Schnürchen.

Als er eine knappe Viertelstunde später mit zwei Pappbechern in den Händen die Raststätte verließ, hatte Zoran schon getankt, der Wagen stand jedenfalls nicht mehr bei den Zapfsäulen. Maik sah zu den Parkbuchten hinüber, aber auch dort konnte er den BMW nicht entdecken. Er drehte sich einmal um die eigene Achse und sah sich um. Nichts. Wenn das einer von Zorans Späßen sein sollte, so konnte er nicht darüber lachen. Mit großen Schritten überquerte er die Zufahrt. Die schrägen Parkstreifen waren leer bis auf einen VW Passat mit Fahrrädern auf dem Dach und einen alten Golf. Auch die Stelle, an der sie vorhin geparkt hatten, war verwaist. Auf dem Grünstreifen, bei den etwas zurückgesetzten Picknicktischen aus Waschbeton stand eine grüne Mülltonne, über der die Mücken kreisten.

Maik stellte die Kaffeebecher auf dem Deckel ab und ging in die Knie, um den schwarzen Rucksack zu inspizieren, der an der Tonne lehnte. Es war sein Rucksack, den er bei jeder Fahrt dabeihatte. Ein gelbes Post-it-Zettelchen klebte daran.

Tut mir leid, Kumpel stand in Zorans krakeliger Grundschülerschrift auf dem Zettel.

Es dauerte eine Weile, bis Maik kapierte, was passiert war. Dass Zoran mit dem Koks abgehauen war und ihn zurückgelassen hatte. Dass er das schon die ganze Zeit geplant haben musste. Dass er ihn in die Scheiße geritten hatte, um einmal im Leben selbst so richtig abzusahnen. Was das bedeutete, war ihm hingegen sofort klar: Er war so gut wie tot.

Obwohl es keinen Grund gab, Zoran zu schützen, zögerte Maik dennoch, die Nummer zu wählen, die für Notfälle reserviert war. Er holte das Prepaidhandy aus der Hosentasche, sah es einen Moment lang an, dann steckte er es wieder ein und zündete sich stattdessen eine Zigarette an. Für einen Moment hoffte er, dass alles doch nur ein schlechter Witz war und Zoran jeden Moment mit quietschenden Reifen um die Ecke gefahren kam und ihn auslachte: »Was glotzt du so? Schiss gehabt, was?«

Maik sah sich noch einmal um. An der Tankstelle fuhr ein Mercedes vor, ein Typ im grauen Anzug, dessen Bauch über den Hosenbund quoll, stieg aus und tankte. Auf dem eingezäunten Spielplatz vor der Raststätte standen zwei Frauen in Jeans und Sneakers und unterhielten sich, während ihre Kinder auf den im Boden verschraubten Wackelgeräten herumturnten. Einer der Busfahrer lehnte am verglasten Eingangsbereich des Restaurants und las Nachrichten auf seinem Handy. Keine Spur von Zoran und dem BMW.

Maik ging rauchend vor der Mülltonne auf und ab. Als er die zwei vor sich hin dampfenden Kaffeebecher sah, holte er aus und schlug sie vom Deckel herunter, einer fiel unspektakulär ins Gras, aber der andere Becher flog ein Stück durch die Luft, schlug dann auf dem Picknicktisch auf und verspritzte seinen Inhalt über der Platte. Ein alter Mann in beiger Popeline-Jacke und Gesundheitsschuhen, der gerade dabei war, umständlich aus einem Opel Zafira zu steigen, sah entsetzt zu ihm herüber.

Maik holte erneut das Prepaidhandy hervor und tippte die entsprechende Kurzwahltaste. Er berichtete kurz, was passiert war, und legte auf, bevor der Mann am anderen Ende der Leitung etwas sagen konnte, dann machte er sich mit geschultertem Rucksack auf den Weg zum LKW-Parkplatz. Der alte Mann hatte sich wieder in sein Auto zurückgezogen, umklammerte mit beiden Händen das Lenkrad und verfolgte Maiks Abgang mit ängstlichem Blick durch die Windschutzscheibe.

Er hatte gerade einen Trucker gefunden, der bereit war, ihn bis Frankfurt mitzunehmen, da klingelte das Handy. Maik drückte den Anruf weg und schaltete das Gerät aus.

***

Thomas Danzer nahm die spätere S-Bahn, um auf der Heimfahrt nicht schon wieder Steffen in die Arme zu laufen. Er ärgerte sich immer noch über die Einladung zum Grillen. Steffen und Tatjana hatten mit Petra doch schon alles entschieden, bevor man ihn überhaupt gefragt hatte. Seit geraumer Zeit hatte er den Eindruck, von allen nur noch vor vollendete Tatsachen gestellt zu werden. Und ihm fehlte die Kraft, sich dagegen zu wehren, weil er jeden Tag damit beschäftigt war, eine Scheinwelt aufrechtzuerhalten, in der er nach wie vor einen Arbeitsplatz hatte und Geld verdiente. Heute Morgen mit Steffen, das war verdammt knapp gewesen. Dabei würde sein Versteckspiel in den nächsten Wochen ohnehin auffliegen, wenn sein Gehalt ausblieb und die Schadensersatzforderungen eintrudeln würden. Bis dahin, so hatte er sich eingeredet, würde ihm schon etwas einfallen, aber mit jedem Tag, der verging, wurde ihm klarer, dass das wohl Wunschdenken war.

Die S-Bahn setzte sich in Bewegung und verließ den Hauptbahnhof. Thomas fiel der Selbstmörder wieder ein, der sich am Morgen vor die Regionalbahn geworfen hatte. Dieser Ausweg stünde ihm ja immer und jederzeit offen, dachte er und erschrak, wie sehr ihn dieser Gedanke beruhigte.

Am Bahnhof in Groß-Gerau Dornberg stieg er aus und lief durch das Gewerbegebiet nach Hause. Die Häuser am Ortsausgang waren durch eine hohe Hecke von der Gernsheimer Straße, die hier nahtlos in die B44 überging, abgetrennt.

Gegenüber lag die Fasanerie und hinter den Häusern floss der Landgraben.

Thomas betrat den kühlen Hausflur und ließ Sakko und Tasche an der Garderobe zurück. In der Küche nahm er sich ein Bier aus dem Kühlschrank, öffnete es und trank an die Spüle gelehnt zwei große Schlucke direkt aus der Dose. Auf dem leeren, blankpolierten Küchentisch lag ein Zettel: *Bin zum Yoga und danach noch was trinken mit den Mädels. Warte nicht auf mich.*

Thomas nahm noch einen Schluck Bier. Sie warteten schon lange nicht mehr aufeinander, es gab dafür keinen Grund.

Sie hatten das Haus, sein Elternhaus, damals nach ihren Wünschen umgebaut. Nachdem seine Mutter gestorben und sein Vater ins Altenheim gezogen war, hätte er den alten Kasten am liebsten verkauft, aber Petra hatte ihn überredet, in die Immobilie zu investieren, eine neue Heizanlage ein- und den Keller auszubauen. Das Haus bekam ein neues Dach und die Fassade wurde frisch angelegt, nach hinten zum Landgraben hin wurden bodentiefe Fenster eingesetzt und eine neue Terrasse aufgeschüttet. Die Innenräume wurden verbreitert, Zwischenwände eingerissen, eine neue Küche installiert. Und als alles fertig war...

Thomas trank die Dose mit mehreren großen Schlucken leer, er hatte gar nicht bemerkt, wie durstig er zuvor gewesen war. Er überlegte, sich mit einem zweiten Bier auf die Terrasse ins Abendlicht zu setzen, wollte sich aber zuerst noch umziehen. Er stieg die Treppe hinauf und zog oben im Schlafzimmer die Anzugshose und das verschwitzte Hemd aus, schlüpfte in Shorts und T-Shirt und ging barfuß zurück in den Flur. Vor der Tür seines Sohnes zögerte er, klopfte dann aber doch. Als sich Benny auch nach dem zweiten Klopfen nicht meldete, öffnete Thomas vorsichtig die Tür und spähte ins Zimmer.

Durch die breiten Panoramafenster im ersten Stock konnte man die Bäume sehen, in denen jedes Jahr Störche ihre Nester bauten und auf den umliegenden Feldern und am Landgraben auf Nahrungssuche gingen – nicht, dass Benny sich dafür interessiert hätte, er saß lieber, so wie jetzt, bei heruntergelassenen Jalousien vor seinem PC und sah sich Videos von leerstehenden Fabriken und Lagerhallen an. Thomas stand in der offenen Tür und sah den gekrümmten Rücken seines Sohnes. Über den Bildschirm flimmerten verwackelte, dunkle Aufnahmen. Er klopfte erneut ans Türblatt, aber auch jetzt reagierte Benny nicht, erst da fielen ihm die Kopfhörer-Stöpsel in seinen Ohren auf. Natürlich.

Thomas stand noch eine Weile so da, beobachtete seinen Sohn und dachte daran, wie er ihn vor zwei Wochen nachts auf der Polizeiwache abgeholt hatte und wie sie schweigend nach Hause gefahren waren. Er wusste, dass er in dieser Nacht noch mit ihm hätte reden müssen, aber Benny schwieg und er fand mal wieder nicht die richtigen Worte, Vaterworte, also schwieg er auch.

Das Reden hatte Petra am nächsten Tag übernommen und sie hatte Benny auch dazu gebracht, die Namen der anderen Jungs zu nennen, die dabei gewesen waren. Sie war mit ihm zur Polizei gefahren, wo ihr Sohn seine Aussage ergänzte. Als sie wieder nach Hause kamen, verschwand Benny sofort auf sein Zimmer. Als Thomas fragte, wie es gelaufen sei, sah Petra ihn mit ihrem ›Das-wäre-dein-Job-gewesen-Blick‹ an und schüttelte nur den Kopf.

Vielleicht, dachte Thomas jetzt, wäre heute ja ein guter Abend, um endlich mal mit Benny zu reden, aber dann schloss er doch nur leise die Tür und ging wieder nach unten.

Nach der dritten Dose Bier war es draußen immer noch nicht ganz dunkel. Thomas saß, die Beine von sich gestreckt, auf der

Terrasse und spürte die Restwärme des Tages in den Steinplatten unter seinen nackten Fußsohlen. Es gab Momente, in denen er tatsächlich vergaß, dass er nicht nur arbeitslos und verschuldet war, sondern sich wahrscheinlich auch bald vor Gericht würde verantworten müssen. »Rechtliche Schritte behalten wir uns natürlich vor«, hatte sein Chef gesagt. Er war um den Schreibtisch herumgekommen, hatte Thomas in die Augen gesehen und den Kopf geschüttelt: »Mein Gott, Danzer, was haben Sie sich nur dabei gedacht?«

Ja, was hatte er sich dabei gedacht? Vielleicht, dass er wenigstens einmal im Leben das Richtige tun wollte. Er hatte jemandem, der unverschuldet in Not geraten war, geholfen, das war alles.

Er würde jedenfalls als Banker nie wieder eine Anstellung finden. Vielleicht konnte er sich irgendwann als Versicherungsmakler und Vermögensberater selbstständig machen. Trotzdem: sie würden alles verlieren. Petra würde ihn verachten, was sie wahrscheinlich sowieso schon tat, und der Junge...

Thomas sprang auf. Er wollte jetzt nicht darüber nachdenken. Er war schon auf dem Weg in die Küche, um sich die vierte Dose Bier zu holen, überlegte es sich aber anders und ging stattdessen ins Wohnzimmer an die kleine Vitrine, in der er seinen Whisky aufbewahrte. Er goss sich zwei Fingerbreit Chivas Regal in einen Tumbler und kehrte auf die Terrasse zurück. Dort schien es schlagartig dunkel und auch kühler geworden zu sein. Er zog sich das alte Sweatshirt über, das in der Campingbox auf der Terrasse lag und das er normalerweise nur zur Gartenarbeit trug, dann legte er sich in den Liegestuhl.

Der Stuhl war gut gepolstert, das Shirt wärmte und der Whisky, den er in kleinen Schlucken trank, machte ihn angenehm müde und schwer. Er dachte noch daran, dass er kei-

nesfalls hier draußen einschlafen durfte, dann fielen ihm auch
schon die Augen zu.

***

Zoran lag im rötlichen Licht des Bordellzimmers auf dem
Doppelbett und wartete. Er war nur noch mit einem knappen
schwarzen Sport-Slip bekleidet und wurde langsam unruhig.

»Hey«, rief er, »jetzt mach aber mal, dass du beikommst, ja?«

Zoran schob die beiden herzförmigen Kissen beiseite, lehnte
sich auf die angewinkelten Ellenbogen und starrte die Badezimmertür an, hinter der das Mädchen, mit dem er sich handels-
einig geworden war, vor einer gefühlten Ewigkeit verschwunden war.

»Hey, hörst du mich?«

Das kleine Miststück antwortete nicht. Zoran sprang auf
und hämmerte gegen die Tür.

»Du hast es aber ganz schön eilig«, hörte er sie hinter der Tür
kichern. »Ich komme ja gleich, Süßer.«

Zoran grunzte unwillig und wanderte halbnackt in dem kleinen Zimmer herum. Er schob eine der roten Blenden vor dem
hohen Altbaufenster ein Stück zur Seite und sah nach unten.
Die Taunusstraße lag im künstlichen Licht der Peepshows und
Bordelle, Autos parkten am Straßenrand, auf dem Gehsteig die
für einen Freitagabend übliche Mischung aus Partygängern,
Freiern und Kanaken.

Als er hörte, wie sich hinter ihm eine Tür öffnete, drehte er
sich lächelnd um, eine Hand im Schritt.

Der erste Schlag gegen die Brust warf ihn auf das Bett. Zoran
war schnell wieder auf den Beinen, aber nicht schnell genug: der
zweite Schlag ging ins Gesicht und schickte ihn gleich wieder

auf die Matratze. Er spürte, wie seine Unterlippe anschwoll und hob abwehrend einen Arm vor die Augen.

»Lass erstmal mal gut sein«, hörte er jemanden sagen und nahm den Arm langsam wieder herunter.

Der Typ, der ihn geschlagen hatte, war klein und kompakt, dabei etwas überspeckt. Er trug einen schlecht sitzenden schwarzen Anzug, das zerknitterte weiße Hemd darunter bis zur Brust aufgeknöpft. Zoran schätzte den Angreifer auf Mitte vierzig, er hatte kurzes graues Haar und kleine Schweinsäuglein. Der andere Typ, der gesprochen hatte, trug den gleichen billigen Anzug, war aber schlank und einen Kopf größer als sein Kumpel. Die beiden wirkten wie eine billige, bösartige Version der Blues Brothers.

Die Tür zum Badezimmer wurde geöffnet und das Mädchen kam heraus. Sie hatte sich einen weißen Bademantel über die schwarze Spitzenunterwäsche gezogen und sah fragend von einem der Männer zum anderen.

»Verpiss dich«, sagte der Große, nachdem er sie einen Moment lang gemustert hatte. Der kleine Kompakte behielt die ganze Zeit über Zoran im Blick.

»Der hat aber noch nicht bezahlt«, sagte das Miststück kühl.

Zoran schnaubte: »Es ist ja noch nichts passiert!«

»Das wird es heute auch nicht mehr«, sagte der Große. »Raus jetzt.«

»Scheiße«, zischte das Mädchen, zog sich den Bademantel enger vor der Brust zusammen und stöckelte aus dem Zimmer.

Der Typ, der ihn geschlagen hatte, sagte etwas in einer Sprache, die Zoran nicht verstand. Es hörte sich wie eine Frage an.

»Er will wissen, wo du herkommst«, übersetzte der Große.

»Vom Frankfurter Berg«, sagte Zoran, und die beiden Kerle sahen sich an und brachen in Gelächter aus.

»Zoran vom Frankfurter Berg also? Ja?«

Der Name mal wieder, dachte Zoran. Wie oft hatte ihn der schon in die Scheiße geritten. Den slawischen Vornamen verdankte er seinem serbischen Vater, der sich aber kurz nach seiner Geburt vom Acker gemacht hatte. Seine Mutter, ein Frankfurter Mädchen durch und durch, hielt sich danach von Jugos fern, aber er hatte seinen Balkan-Namen weg.

Der kleine Kompakte versuchte es erneut auf Serbokroatisch, zumindest glaubte Zoran, dass es das war. Er schüttelte den Kopf, wischte sich etwas Blut vom Mund und sagte: »Tut mir wirklich leid, Kumpel, aber mit mir musst du deutsch reden.«

Der Kompakte machte ein beleidigtes Gesicht und sagte nichts mehr. Sein Partner sog scharf die Luft ein, als hätte er auf einmal Schmerzen bekommen.

»Hör mal, du solltest nicht so auf den Gefühlen meines Freundes hier herumtrampeln, er wollte nur freundlich sein.«

Zoran betastete seine immer noch dicker werdende Lippe und sagte nichts. Ein Schneidezahn wackelte.

»Also mein Freund Vito hier«, fuhr der Große fort, »war als junger Mann da unten im Krieg, da hat er ... naja, ich will es mal so sagen: Er hat bestimmte Sachen gelernt.«

Vito sah Zoran mit gespielter Freundlichkeit an und lächelte. Im nächsten Moment spürte er dessen Finger rechts und links an seinem Hals nach etwas tasten. Die Berührung war sanft, fast zärtlich, zumindest so lange, bis er den entscheidenden Punkt gefunden hatte. Vito nickte kurz, dann drückte er zu und augenblicklich bekam Zoran keine Luft mehr. Er glaubte, ersticken zu müssen, riss die Augen auf und öffnete den Mund in dem vergeblichen Bemühen, so besser atmen zu können. Der Mann ließ ihn noch einen Moment lang zappeln, dann verringerte er den Druck und Zoran bekam wieder etwas besser Luft. Es fühlte sich allerdings an, als müsse er durch einen Strohhalm atmen. Zoran versuchte, sich möglichst wenig zu bewegen, aus Angst, den Kerl damit zu provozieren. So musste sich Waterboarding anfühlen, dachte er, nur ohne Wasser.

»Alle Theorie ist grau«, sagte der Große achselzuckend. »Eine praktische Demonstration macht doch immer gleich viel mehr Eindruck, nicht wahr?«

Vito zog seine Finger zurück und Zoran schnappte nach Luft.

»Und jetzt bringst du uns das, was du gestohlen hast.«

Der Große begann Zorans Klamotten, die auf einem Stuhl vor dem Bett lagen, nach Waffen abzusuchen und warf ihm dann ein Teil nach dem anderen zu.

»Anziehen!«

Zoran versuchte, Zeit zu gewinnen. Er zog sich extrem langsam an und dachte währenddessen über einen Ausweg nach. Als er gerade umständlich in seine Jeans stieg, spürte er Vitos Hand auf seiner Schulter.

»Ein kleiner bisschen schön schneller … bitte?«, radebrechte der Mann vom Balkan und lächelte Zoran dabei auf eine Art und Weise an, die keinen Zweifel daran ließ, dass er ihm ansonsten auch gern helfen könnte.

Sie dirigierten ihn aus dem Zimmer und über einen spärlich beleuchteten Flur ins hintere Treppenhaus. Die Wände waren kahl und der Teppichboden abgetreten, ein grün-weiß beleuchtetes Schild über ihren Köpfen wies auf den Notausgang hin.

»Du gehst vor«, sagte der Große. Zoran spürte, wie Vito ihm den Lauf einer Pistole in den Rücken stieß.

Sie gelangten in einen düsteren Hinterhof. Hier standen Mülltonnen unterhalb einer Mauer, die das Grundstück begrenzte. Rechts ein Kellerabgang, links um die Hausecke herum war eine Einfahrt, die auf die Taunusstraße mündete.

Der Große sah um die Ecke und winkte sie heran. Er drehte sich im Halbdunkel um und fragte: »Also, Zoran vom Frankfurter Berg, wo müssen wir hin?«

Zoran holte schon Luft, um zu antworten, als etwas aus der Dunkelheit hinter ihnen hervor gesprungen kam. Der Große wich erschrocken zurück, aber Vito fuhr herum und riss die Pistole hoch. Zoran dachte nicht nach, sondern handelte: Er packte Vitos ausgestreckten Arm, entriss ihm die Pistole, drehte sich ein Stück von ihm weg und drückte ab. Der Schuss dröhnte unnatürlich laut durch den Hinterhof. Die Katze entwischte durch die Hofeinfahrt, der kompakte Balkankrieger riss den Mund auf und fiel auf die Knie.

Zoran hielt die Waffe in der Hand und starrte sie an, als könne er nicht glauben, was er soeben getan hatte. Eine Schrecksekunde lang schien alles stillzustehen, dann rannte er los.

Er sprang auf eine der Mülltonnen und erreichte den First der Mauer, dann fiel ein weiterer Schuss und gleichzeitig erhielt Zoran einen Schlag in den Rücken, der ihn über die Mauer warf. Er fiel in einen Busch, dessen Zweige sich unter seine Jacke und das T-Shirt schoben und ihm Bauch und Rücken zerkratzten. Der Busch bremste seinen Sturz, trotzdem verlor er beinahe das Bewusstsein, als er auf der anderen Seite der Mauer in der Dunkelheit aufschlug. Zoran sog Luft ein, seine Lungen brannten, Tränen schossen ihm in die Augen, dann lag er still. Es roch nach Erde und Müll und verdorbenem Essen. Er riss die Augen auf, sah im Haus gegenüber ganz weit oben verschwommen ein Licht angehen. Er wartete, ohne zu wissen worauf, hörte einen Hund bellen und jemanden nach der Polizei rufen, dann war wieder alles still. Er versuchte, auf die Beine zu kommen, aber es ging nicht, sein Rücken fühlte sich an, wie in der Mitte auseinandergebrochen. Zoran musste husten, er brachte einen Schwall warmen Sirups hervor, spuckte ihn aus und hatte auf einmal den metallischen Geschmack von Blut in seinem Mund. Erst jetzt begriff er, dass der Große ihn in den Rücken geschossen hatte. Er hörte ein Martinshorn ganz weit weg. Es schien sich zu nähern, dann wieder zu entfernen. Das Licht in einem der oberen Stockwerke im Gebäude gegenüber erlosch, und Zoran schloss die Augen.

FREITAG, 7. JUNI 2019

Thomas erwachte, weil die Vögel zwitscherten und ihm kalt war. Er blinzelte in die Sonne, die über den Feldern aufging und erste Strahlen auf die Terrasse warf. Verwundert stellte er fest, dass ihn irgendwer in der Nacht zugedeckt haben musste. Er löste sich aus der Decke, setzte sich auf und massierte seinen schmerzenden Rücken mit den Händen. Die Terrassentür stand offen und aus dem Haus duftete es nach Kaffee.

Petra erschien mit einem schiefen Grinsen im Gesicht im Türrahmen und kam zu ihm heraus. Sie trug ihre Joggingklamotten, war noch etwas außer Atem und ihr Gesicht vom Laufen erhitzt.

»Guten Morgen, ausgeschlafen?«

Thomas schloss die Augen und schüttelte den Kopf.

»Hast es gestern Abend wohl nicht mehr ins Bett geschafft, nachdem du dir hier einen angesoffen hast.« Sie riss die Arme in die Höhe und beugte sich dann tief hinunter, bis ihre Fingerspitzen den Boden berührten.

»Ich hab gar nicht so viel getrunken, war nur total müde...«

»Wie auch immer«, entgegnete Petra, erhob sich wieder und streckte die Arme der Sonne entgegen.

»Hast du mich zugedeckt?«

»Wer sonst.«

»Hm, Danke...«

Petra sagte nichts, sondern fuhr mit ihren Stretching-Übungen fort.

In der Küche stand noch Kaffee auf der Warmhalteplatte. Thomas nahm eine Tasse aus dem Schrank und schenkte sich ein. Einer der letzten kleinen Genussmomente in seinem Leben: Der erste Schluck Kaffee am Morgen.

Er fühlte sich wie gerädert, wahrscheinlich hatte ihm allerdings das Schlafen auf dem Liegestuhl mehr zugesetzt als die drei Dosen Bier und der doppelte Whisky.

Petra kam herein mit ihren Sportschuhen in der Hand. Sie löste geschickt das Haargummi an ihrem Hinterkopf und schüttelte die halblangen blonden Haare. Ihre Wangen waren immer noch gerötet. Thomas sah, wie sich ihre kleinen straffen Brüste unter dem engen Funktionsshirt abzeichneten, als sie sich zu ihm drehte.

»Du denkst dran, dass wir morgen Abend verabredet sind?«

»Ja, klar, tut mir leid, Steffen war mal wieder …«

»Alles gut, immer noch besser, als mit dir hier allein herumzuhocken.«

Thomas holte Luft, um etwas zu entgegen, aber dann fiel ihm nichts ein, was er darauf hätte sagen können.

»Ich gehe duschen«, sagte Petra, mehr zu sich selbst als zu ihm, und ging nach oben.

Thomas sah auf die Uhr am Herd. Heute würde er zur Sicherheit zwei Züge später nehmen. Nach dem Duschen würde Petra sich in ihr kleines Büro unterm Dach zurückziehen, wo sie sich um die Buchhaltung ihrer Kunden kümmerte, sie hatte sich vor kurzem selbstständig gemacht und suchte noch nach Auftraggebern. Bis jetzt hatte sie lediglich eine kleine Buchhandlung, eine freiberufliche Kosmetikerin und einen Homöopathen als Kunden, die ihr alle persönlich bekannt waren und daher Vorzugspreise bekamen. Die Kosten für den Dachausbau waren damit auf absehbare Zeit jedenfalls nicht zu finanzieren. Thomas spürte ein Stechen in der Brust und schüttete den Rest des bitter gewordenen Kaffees in die Spüle.

Die Vormittage in Frankfurt verbrachte er meist im Kino oder im Museum. Manchmal saß er auch stundenlang in einem Café und tat so, als lese er die Rundschau. Im Grunde aber tat er nichts, er ging irgendwo hin, saß herum und wunderte sich, wie schnell dabei die Zeit verging. Natürlich grübelte er. Manchmal meinte er, einen Ausweg aus seiner Lage gefunden zu haben, der sich aber stets als Hirngespinst entpuppte.

An diesem Freitag machte er mal wieder einen langen Spaziergang die Mainpromenade entlang, überquerte den Holbeinsteg auf die Sachsenhäuser Seite des Mains und kaufte sich eine Karte fürs Städelmuseum, wo man sich bereits fieberhaft auf die große van Gogh-Ausstellung im Herbst vorbereitete. Er verbrachte zwei Stunden in der aktuellen Ausstellung und als er das Museum wieder verließ, hätte er nicht sagen können, was er gesehen hatte. Sein Kopf war prallvoll und vollkommen leer zugleich. In seinem dunklen Anzug, der gestreiften Krawatte und mit der weinroten schweinsledernen Dokumententasche kam er sich mittlerweile wie verkleidet vor. Er war den Pennern und Junkies, die ihn im Bahnhofsviertel manchmal um Kleingeld anpumpten, doch schon näher als seinen alten Kollegen, deren bevorzugte Bistros und Restaurants er zur Lunchzeit geflissentlich mied.

Ziellos wanderte er durch die Stadt und landete schließlich um die Mittagszeit in einer Pilsstube in der Elbestraße, die schon am Vormittag geöffnet hatte. Hierher würde sich garantiert niemand aus den Bankentürmen verirren.

In dem engen, düsteren Gastraum roch es nach Zigaretten und abgestandener Luft. An der Theke saß eine aufgedunsene, grellgeschminkte Frau unbestimmten Alters vor einem leeren Cognacschwenker, sie hob kurz den Kopf, als Thomas hereinkam, und musterte ihn ungeniert. In der Ecke gegenüber saß ein mageres Männchen in einem ausgeleierten Trainingsanzug auf einem Barhocker und drückte scheinbar wahllos auf die Knöpfe eines Spielautomaten. Der Wirt hinter der Theke war ein kleiner Glatzkopf mit Hängebacken und einem verblassten Adler-Tattoo auf dem Hals.

»Na? Gibste einen aus?«, fragte die Frau an der Theke und klopfte mit dem Fingernagel gegen ihr Glas.

»Lasse emol den Mann in Ruh, Ellie, sonst fliegste raus!«, griff der Wirt sofort ein, bevor Thomas etwas entgegnen konnte.

Die Angesprochene schnaubte und zündete sich eine Zigarette an. Der Mann am Spielautomat drehte sich kurz zu ihnen um und grinste, bevor er sich wieder den rotierenden Scheiben und blinkenden Lichter zuwandte. Der Automat begann eine Melodie zu spielen, dann stand alles still.

»So 'ne Scheiße«, maulte der Mann und suchte in der Tasche seiner Jogginghose nach Kleingeld.

Okay, dachte Thomas, das hier war dann doch noch ein wenig unter seinem Niveau, aber trotzdem setzte er sich. Ein Aschenbecher mit Kümmerling-Werbung war der einzige Schmuck auf der zerkratzten Tischplatte vor ihm. Er suchte den Blick des Wirts, der hinter den Tresen gebeugt gerade eine Lade mit gerippten Äppelwoi-Gläsern aus der dampfenden Spülmaschine hob.

»Biersche odder liewer Äppler?«

Thomas wollte eigentlich gar keinen Alkohol trinken, bestellte aber ein Pils. Der Wirt nickte, stellte die Gläser ab und begann mit dem Zapfen.

Die Frau an der Theke murmelte etwas vor sich hin, der Spielautomat dudelte seine Melodien, das magere Männchen fluchte, von dem sonnigen Tag draußen bekam man hier drin nichts mit. Thomas fragte sich, was Petra wohl sagen würde, wenn sie ihn jetzt so sehen könnte. Und Benny. Oder Steffen ...

»Zum Wohl.« Der Wirt stellte das große Bier auf den Tisch und sah ihn einen Moment aus seinen traurigen Augen an, dann schlurfte er zurück zum Tresen. Er wechselte ein paar Worte mit der Frau, die kurz darauf die Kneipe verließ.

Thomas trank sein Bier. Mit jedem Schluck schmeckte es besser. Da er noch nichts gegessen hatte, spürte er fast augenblicklich den Alkohol, ein leichter Schwindel erfasste ihn, der nicht gänzlich unangenehm war. Der Mann am Spielautomat gab schließlich auf und rutschte vom Hocker. Er legte ein paar Münzen auf die Theke und ging. Jetzt war Thomas der einzige Gast.

Als er sein Bier getrunken hatte, kam der Wirt an seinen Tisch, um das leere Glas abzuräumen. »Noch eins?«

Thomas schüttelte den Kopf, bezahlte und fragte nach den Toiletten. Der Wirt steckte das Trinkgeld danklos ein und deutete mit dem Daumen hinter sich zu einem schmalen Durchgang.

In dem gekachelten Flur roch es nach Klosteinen. An einem Ende des Ganges stand eine Tür offen, die auf einen Hinterhof hinausführte, am anderen befanden sich die Toiletten. Thomas öffnete die Tür der Herrentoilette und der Klosteingeruch steigerte sich derart, dass ihm fast schlecht wurde. Er fühlte sich taumelig und musste sich einen Moment an der Wand abstützen. Im Spiegel über dem Waschbecken sah er sein Gesicht, er hatte vergessen, sich heute Morgen zu rasieren. Er wollte einen Schluck Wasser trinken, ekelte sich aber vor dem verdreckten Wasserhahn. Zu allem Überfluss regte sich jetzt auch noch sein Darm.

Gegenüber der Pissrinne gab es eine einzige Klokabine, deren Tür aber geschlossen war.

Thomas drückte die Klinke herunter und war mit einem Schlag wieder vollkommen nüchtern.

Der Mann, der mit heruntergelassener Hose auf der Toilette saß, richtete eine Pistole auf Thomas, er sah den Lauf direkt auf seine Körpermitte zielen, reflexartig hob er die Hände.

»Nicht ... nicht schießen ... bitte ...«

Der Mann gab ein Stöhnen von sich. Die Pistole in seiner Hand zitterte. Seine Jeans und die Unterhose lagen ihm als zerknautschter Haufen um die Knöchel. Mit der freien Hand fuhr sich der Mann über die Brust, er trug ein blutverkrustetes Poloshirt, auch seine Hände waren voller Blut.

»Brauchen Sie Hilfe?«

Der Mann verzog sein Gesicht, es sah fast so aus, als versuche er zu lachen. Er griff in die Brusttasche seines Shirts und holte etwas heraus, hielt es zwischen seinen Fingern, dann versuchte er, sich die Hosen hochzuziehen, kam aber, als er die Unterhose schon halb über dem Hintern hatte, ins Straucheln und stürzte zwischen Kabinenwand und Toilettenschüssel, die Waffe rutschte ihm aus der Hand und fiel auf den gefliesten Boden, der Kopf sank ihm auf die Schulter, dann lag er ganz ruhig.

Thomas nahm langsam die Arme herunter. Er stand einen Moment vollkommen reglos. Durch das kleine geöffnete Fenster über dem Pissoir hörte er jemanden lachen, eine Autotür wurde zugeschlagen, ein Motor angelassen, dann war alles wieder still.

Der Mann sah jetzt fast so aus, als würde er schlafen, nur der verdrehte Körper und die weit aufgerissenen Augen passten nicht dazu. Thomas hatte noch nie zuvor eine Leiche gesehen, aber er wusste, dass dieser Mann definitiv tot war. Er musste dem Wirt Bescheid sagen. Die Polizei rufen. Er würde als Zeuge vernommen und vielleicht sogar vor Gericht zitiert werden. Er würde...

Thomas sah sich um, er war ganz allein mit dem Toten. Er trat einen Schritt zurück. Auf dem Boden vor der Kloschüssel lag etwas. Er bückte sich und hob es auf. Es war ein Schlüssel. Er war sich nicht sicher, glaubte aber, dass er zu einem der Schließfächer im Hauptbahnhof passen könnte. Thomas hatte im letzten Frühjahr einmal Wechselkleidung für den Abend dort deponiert, als seine Abteilung einen feuchtfröhlichen Ausflug mit dem ›Ebbelwei-Express‹ unternommen hatte. Er würde den Schlüssel der Polizei übergeben und ihnen sagen müssen, dass er ihn aufgehoben hat, wegen der Fingerabdrücke natürlich. Er würde...

Thomas steckte den Schlüssel ein, dann schloss er die Kabinentür hinter sich und verließ den Toilettenbereich. Aus dem Gastraum war nichts zu hören außer dem gelegentlichen Gedudel des Glücksspielautomaten. Die Tür am Ende des Flurs zum Hinterhof war immer noch mit einem Keil blockiert und stand weit offen.

***

Maik kam nur selten hier herauf. Die Gefahr, von der Straße aus gesehen zu werden, war einfach zu groß.

Seit er vor zehn Jahren auf der Flucht vor einem seiner Betrugsopfer zum ersten Mal im Gebäudekomplex des alten Polizeipräsidiums gewesen war, hatte sich einiges verändert. Waren es am Anfang meistens Junkies und Obdachlose, die sich nachts im Gebäude herumtrieben, kamen nun richtige kleine Banden auf der Suche nach Kupfer und anderem verwertbarem Metall und lieferten sich mit den Mitarbeitern des Sicherheitsdienstes ein Katz-und-Maus-Spiel. Maik kannte sich mittlerweile so gut in dem alten Kasten aus, dass er sowohl den einen als auch den anderen erfolgreich aus dem Weg gehen konnte. Der Bau war jedenfalls ideal für jemanden, der kurzzeitig von der Bildfläche verschwinden musste, und das hatte er in den vergangenen Jahren immer mal wieder tun müssen, aber wohl noch niemals so dringend wie im Moment.

Die Wendeltreppe im Dach des alten Präsidiums führte in die verglaste Kuppel des Turms, von der aus man auf einen Umlauf treten konnte und an klaren Tagen wie heute einen schönen Blick über Frankfurt hatte. Unter den Dachsparren und zwischen den von Tauben zugeschissenen Verstrebungen stand im Sommer die Hitze, aber sobald man oben aus dem Turm trat, war die Luft frisch und ließ einen aufatmen. Maik hielt sich von der Brüstung fern, lehnte sich an die Kuppel und zündete sich eine Zigarette an. Unter ihm rauschte der Verkehr über die Ebert-Anlage und in der Ferne erhob sich der Ginnheimer Spargel vor einem wolkenlosen, tiefblauen Himmel. Die Sonne spiegelte sich in den verglasten Hochhausfassaden gegenüber, es war ein herrlicher Frühsommertag – und Maik saß bis zum Hals in der Scheiße.

Die Kurierfahrten kreuz und quer durch Deutschland und oft auch darüber hinaus waren in den letzten 12 Monaten zu seiner Haupteinnahmequelle geworden. Er kannte seine Auftraggeber nicht, er kannte nur ständig wechselnde Kontaktleute und deren Namen, die garantiert nicht ihre richtigen waren. Man kommunizierte sowieso fast nur über Prepaidhandys. Meistens fuhr er Drogen, manchmal Diebesgut, selten auch Waffen. Die Bezahlung war extrem hoch, das Risiko aber auch. Wenn er erwischt würde, gäbe es kein Netz und niemanden, der ihn raushauen könnte.

Für die langen Fahrten brauchte er einen zuverlässigen Beifahrer, mit dem er sich am Steuer abwechseln konnte. Und blöd wie er war, hatte er sich seinen alten Kumpel Zoran dafür ausgesucht. Und natürlich für ihn gebürgt ...

Maik drückte die Zigarette an der mit Graffitis beschmierten Glaswand aus und machte sich an den Abstieg. Am Anfang hatte er jedes Mal einen Drehwurm bekommen, wenn er die Wendeltreppe zu schnell hinuntergepoltert war. Unten angekommen, war er dann wie ein Betrunkener mit dem Kopf gegen eine der massiven Querstreben getaumelt und hatte sich die eine und andere üble Beule zugezogen.

Heute machte er langsam, auf halber Höhe saß eine Taube im Gebälk und gurrte ihn an.

»Scheißvieh«, zischte Maik, es kam ihm so vor, als lache die Luftratte ihn aus, weil er so naiv gewesen war, seinem Jugendfreund Zoran zu vertrauen.

Sie waren im Stadtteil Frankfurter Berg aufgewachsen und hatten beide das gleiche Problem: Ihre Namen weckten falsche Vorstellungen. Zoran war kein Jugo und Maik kein Ossi. Er war zwar in Thüringen geboren, aber mit seiner hessischen Mutter schon im zarten Alter von zwei Jahren nach Frankfurt gekommen. Auch das hatten die beiden Jungs gemeinsam: alleinerziehende Mütter, die mit ihren Söhnen heillos überfordert waren.

Mit Zoran hatte er damals im Viertel Automaten geknackt und war nachts in Wasserhäuschen eingestiegen, und als sie erwischt und vom Jugendgericht verknackt wurden, hatte er mit ihm zusammen Sozialstunden abgeleistet. Später hatten sie sich aus den Augen verloren. Maik war nach der Hauptschule (und ein paar abgebrochenen berufsvorbereitenden Maßnahmen und Lehrstellen) ein paar Jahre beim Bund hängengeblieben, hatte später im Sicherheitsdienst und als Türsteher gearbeitet und nebenbei immer mal was vertickt, Hehlerware an den Mann gebracht, mit weichen Drogen gedealt, Autos der gehobenen PS- und Preisklasse ›überführt‹, die bei Nacht und Nebel den Besitzer wechselten.

Dann kam der Job als Kurierfahrer und ausgerechnet da war ihm Zoran wieder über den Weg gelaufen – der gute alte Zoran, nicht besonders helle in der Birne, aber einer, auf den man sich immer verlassen konnte. Zumindest hatte er das bis vor rund 24 Stunden geglaubt.

Der alte Teil des Präsidiums war ein Konstrukt aus endlosen Fluren, Zimmerfluchten und Treppenhäusern, die einem die Orientierung raubten, wenn man zum ersten Mal hier war. Mittlerweile fand sich Maik notfalls auch nachts mit einer kleinen Taschenlampe zurecht, wenn er auf den Wegen blieb, die ihm vertraut waren. An einem Sommertag wie heute schien die Sonne durch die hohen Fenster und ließ die Staubkörner auf den Fluren in der Luft tanzen. Die zugemüllten und von Unkraut überwucherten Innenhöfe wirkten dann wie verwunschene Oasen, die einen lockten und gleichzeitig abstießen.

Maik machte sich auf den Weg in den Neubau des Präsidiums, der über einen brückenartigen Verbindungsgang vom alten Gebäude aus zu erreichen war. Hier war die Feuchtigkeit teilweise schon so tief ins Mauerwerk eingedrungen, dass in manchen Zimmern farnartige Pflanzen zwischen den Bodenplatten hervorwuchsen und grüner Schimmel großflächig die Außenwände bedeckte. Einige der Zimmer im zweiten Stock waren jedoch in passablem Zustand, hier hingen sogar noch die alten Büroschilder der entsprechenden Kommissariate vor den Büros.

Maik betrat das Büro, in dem er die Nacht verbracht und seinen Rucksack zurückgelassen hatte. Vom Fenster aus sah er auf die Mainzer Landstraße herunter, Autos fuhren vorbei, Menschen bevölkerten die Bürgersteige, eine Ampel sprang auf Rot, der Verkehr stockte. Ein LKW bremste abrupt ab und der tiefergelegte Sportwagen hinter ihm wechselte rasant die Spur.

Der Klingelton seines Handys ließ ihn zusammenzucken. Bisher hatte er alle Anrufe unbeantwortet gelassen, aber er wusste, dass er früher oder später rangehen musste.

»Ja?«, meldete er sich, und der Anrufer sagte genau das, was Maik erwartet hatte.

»Er hat Scheiße gebaut, ja, ich weiß, aber…«

Der Anrufer ließ ihn nicht ausreden. Sie hatten den BMW am Osthafen gefunden. Natürlich ohne die Ware. Sie hatten Zoran in einem Puff im Bahnhofsviertel aufgestöbert, er war ihnen aber entkommen. Offenbar hatte er sogar einen seiner Verfolger erschossen, aber wohl auch selbst etwas abbekommen. Ob er wisse, wo sein Kumpel jetzt stecken könne?

Maik dachte fieberhaft nach, aber ihm fiel nur die kleine heruntergekommene Hochhauswohnung im Niederräder Mainfeld ein, in der Zoran zuletzt gehaust hatte, aber so doof, sich dort zu verstecken, war noch nicht einmal Zoran. Er versprach dem Anrufer trotzdem, dort als Erstes zu suchen.

»Ich finde ihn, okay? Ich bring das wieder in Ordnung, garantiert, ich brauche nur…«, sagte Maik, aber der Mann schnitt ihm erneut das Wort ab.

Maik ließ sich mit dem Rücken gegen die Wand fallen und atmete erschöpft aus.

»Eine Woche«, hatte der Anrufer gesagt und aufgelegt.

***

»Hier entlang geht's zu den Mädels, Kumpel.« Der Typ, der rauchend im Hauseingang lehnte, zwinkerte Thomas zu.

Offenbar war er etwas zu lange stehen geblieben und wirkte jetzt wie ein schüchterner Freier, dabei war er nur verwirrt. Thomas schüttelte den Kopf.

»Dann halt nicht«, knurrte der Typ, warf seine halbgerauchte Zigarette auf die Straße und verschwand wieder im Haus.

Thomas sah auf den Schlüssel in seiner Hand. Was machte er da eigentlich? Was war denn nur in ihn gefahren? Noch konnte er umkehren und ... und was?

Der Mann im Klo war jedenfalls tot. Der stellte keine Forderungen mehr. Der Wirt würde ihn früher oder später finden und die Polizei rufen. Thomas dachte an die Waffe. Noch nie in seinem Leben hatte jemand mit einer Waffe auf ihn gezielt. Einer scharfen Waffe. Thomas bekam sofort wieder weiche Knie, wenn er daran dachte.

Wieder sah er auf den Schlüssel in seiner Hand. Was auch immer in diesem Schließfach war, es konnte nichts Gutes sein. Vielleicht war es aber auch nur ein Sack mit Schmutzwäsche oder die Habseligkeiten eines kleinen Milieugangsters. Oder aber doch ein Koffer voller Geld? Quatsch, dachte er, so etwas gibt es nur im Fernsehen.

Er konnte immer noch zur Polizei gehen, eine Aussage machen, alles erklären. Er war in Panik geraten und abgehauen, dafür mussten die doch Verständnis haben. Dafür wurde man doch nicht gleich irgendwie belangt. Die Situation war schließlich auch alles andere als gewöhnlich.

Während er noch darüber nachdachte, was er der Polizei erzählen würde (und was eher nicht), war Thomas die Taunusstraße weiter in Richtung Hauptbahnhof gegangen. Er nahm die Rolltreppe zur B-Ebene hinunter und dann den Aufgang zur Bahnhofshalle auf der gegenüberliegenden Seite. Aus den Geschäften und Stehcafés kamen Reisende und sahen gehetzt auf die große Anzeigetafel an der Stirnseite der Halle. Thomas folgte den Hinweisschildern zu den verwinkelten Wänden mit den Schließfächern. Er verglich die Schlüsselnummer mit den Türreihen und fand das entsprechende Fach ohne Probleme.

Er wartete, bis ein langhaariger Rucksacktourist seine sieben Sachen in einem großen Bodenfach verstaut hatte und er zumindest für einen kurzen Moment allein war. Durch die Fenster im oberen Drittel fielen Sonnenstrahlen in den schmucklosen Raum mit den zerkratzten Spinden, vor dem Bereich mit den Schließfächern befand sich ein Durchgang nach draußen zum Bahnhofsvorplatz. Hier würde man wohl nie gänzlich unbeobachtet sein.

Thomas zögerte. Ein Gedanke durchzuckte ihn: Gab es hier eigentlich Überwachungskameras? Er sah sich um, konnte aber nirgends etwas entdecken, auch entsprechende Hinweisschilder waren ihm nicht aufgefallen. Dann rief er sich zur Ordnung. Er verhielt sich ja schon selbst wie ein Krimineller, dabei konnte er das, was er in dem Schließfach fand, später immer noch zur Polizei bringen.

Genau das würde er auch tun. Und mit diesem Vorsatz öffnete Thomas das Fach.

Eine blaue Adidas-Sporttasche mit Reißverschluss und Trageriemen befand sich im Inneren. Thomas atmete einmal durch, dann nahm er sie heraus. Sie war nicht besonders schwer. Wechselwäsche, ein Kulturbeutel, ein Paar Schuhe, vom Gewicht käme das hin. Beinahe hätte er gelacht. Trotzdem war er nicht so leichtsinnig, die Tasche hier zu öffnen.

Der Toilettenbereich im Hauptbahnhof war zahlungspflichtig, aber dafür sauber. Er warf einen Euro in den Automaten an der Schranke und betrat den gefliesten Raum, der gerade von einem dunkelhäutigen jungen Mann im weißen Kittel geputzt wurde. Der Junge hatte Audiostöpsel in den Ohren und lächelte beseelt bei der Arbeit. Thomas schloss sich in einer der rundum dichten Kabinen ein. Schon wieder eine Toilette, dachte er, setzte sich auf den heruntergeklappten Klodeckel und sah auf die Tasche zwischen seinen Beinen. Er zog den Reißverschluss auf und fand mehrere durchsichtige Päckchen mit weißem Pulver.

Wenn man von dem Joint absah, an dem er im Spätsommer 1993 kurz nach dem Abitur zweimal gezogen hatte, hatte Thomas keinerlei Erfahrung mit Drogen, außer natürlich mit Alkohol. Aber dass es sich bei der weißen Substanz in der Tasche nicht um Backpulver handelte, war ihm sofort klar. Kokain oder Heroin wahrscheinlich. In den Krimis, die er sich manchmal mit Petra ansah, befeuchteten die Ermittler oder Dealer immer einen Finger, nahmen ein paar Körnchen auf und konnten dann am Geschmack feststellen, um welche Droge es sich handelte und ob sie verschnitten oder rein war. Aber dazu musste man ja zumindest eine theoretische Idee haben, wie das Zeug schmeckte.

Thomas zog den Reisverschluss der Tasche wieder zu und hob sie an. Sie kam ihm jetzt schwerer vor als vor ein paar Minuten, als er noch nicht gewusst hatte, was sich darin befand. Vier, vielleicht fünf Kilo, schätzte er. Was kosteten fünf Kilo Kokain? Auch davon hatte er keine Ahnung. Und davon, wie und an wen man so etwas verkaufte auch nicht. Musste er auch nicht.

Thomas verließ Kabine und Toilettenbereich und kehrte in die Bahnhofshalle zurück. Es war ein merkwürdiges Gefühl mit einer Tasche voller Drogen in der Öffentlichkeit herumzulaufen. Er wusste, dass es am Nordausgang des Bahnhofs am Gleis 24 einen Stützpunkt der Bundespolizei gab. Auf einmal hatte er das Gefühl, etwas vergessen zu haben, wusste aber nicht was. Thomas blieb abrupt stehen und dachte nach. Menschen hasteten an ihm vorbei, ein Kleinkind stolperte über einen Trolley, legte sich der Länge nach hin und begann zu plärren, die Mutter zog die Kleine schimpfend wieder auf die Beine. Jemand rempelte ihn von hinten an, ohne sich zu entschuldigen.

Etwas fehlte, aber er kam nicht darauf, was es war. Thomas schüttelte den Kopf. Wahrscheinlich war er einfach überreizt.

Eine Zwei-Mann-Streife kam ihm entgegen. Er überlegte, sie anzusprechen, ließ es dann aber sein. Auf der großen Anzeigetafel wurden gerade die nächsten Zugabfahrten aktualisiert. Die S-Bahn nach Hause ging in einer Minute. Thomas starrte noch einen Moment auf die Anzeige, dann ging er langsam in Richtung Gleis 1 davon. Wenn die Bahn schon weg war, würde er die Tasche zur Polizei bringen, wenn nicht...

Die S7 stand abfahrbereit, als Thomas am Bahnsteig ankam. Er betätigte den Drücker an der Außenseite des ersten Waggons und die Tür öffnete sich, er machte einen Schritt hinein und stand im Eingangsbereich des Abteils. Hinter ihm zischte die Türverriegelung und der Zug setzte sich fast augenblicklich danach mit einem Ruck in Bewegung, so als habe sie nur noch auf ihn gewartet.

Thomas musste sich am Gepäckfach über ihm festhalten, um nicht das Gleichgewicht zu verlieren. Als die S-Bahn unter der Bahnhofsüberdachung ins Freie rollte, stand er immer noch wie betäubt zwischen den Sitzreihen, die Sonne im Gesicht und eine Tasche voller Kokain zwischen den Füßen.

***

Zorans Wohnung befand sich im achten Stock eines Hochhauses im Niederräder Mainfeld. Maik war schon einige Male hier gewesen und hatte nach Alkohol- oder Drogenabstürzen auch manchmal bei Zoran übernachtet. Als er am späten Nachmittag dort ankam, wehte ein auffrischender Wind, der Sommer schien ausgerechnet über die Feiertage eine Pause einlegen zu wollen.

Auf dem gefliesten Boden im Eingangsbereich des Hochhauses lag ein Packen verschnürter Gratis-Zeitungen. Eine Reihe mit Briefkästen auf der einen Wandseite, eine Klingelanlage mit Namensschildchen auf der anderen. Maik steckte die flache Hand so tief wie möglich in Zorans Briefkastenschlitz und fand die mit Klebeband an der Rückwand befestigten Ersatzschlüssel.

Der Fahrstuhl wartete schon, er stieg ein und drückte den Knopf für das achte Stockwerk, die Türen schlossen sich und der Aufzug setzte sich in Bewegung.

Auf der Etage roch es nach Essigreiniger. Eine anonyme Tür reihte sich an die andere. Vor Zorans Wohnung blieb er stehen und lehnte sich mit dem Ohr gegen das Türblatt. Von drinnen war nichts zu hören. Er drückte auf den Klingelknopf an der Wand neben der Tür, hörte es in der Wohnung schellen und trat einen Schritt zurück.

»Der ist nicht da!«, hörte Maik jemanden sagen, fuhr erschrocken herum und sah einen alten Mann in Hausschuhen vor einer offenen Tür am anderen Ende des Flurs stehen. Der Nachbar hatte die Hände in die Hüften gestemmt und sah lauernd zu ihm herüber. »Schon seit Tagen ist der nicht da.«

»Ach ja?«

»Ja, seit Tagen. Den kriegt man eh kaum zu Gesicht. Und den Flur putzt er auch nicht. Sind Sie ein Freund von dem?«

»Ich ... bin von den Stadtwerken«, erwiderte Maik und wusste, dass der Alte ihm kein Wort glaubte. Sein Rucksack und der zusammengerollte Schlafsack lehnten an der Flurwand.

»So, so, von den Stadtwerken also, na dann ...« Der Alte zog sich wieder in seine Wohnung zurück. Nachdem er die Tür geschlossen hatte, hörte Maik, wie der Mann von innen zweimal abschloss.

In Zorans Wohnung roch es nach kaltem Rauch und Schweißfüßen. Maik öffnete das Wohnzimmerfenster und ließ frische Luft herein, Regenwolken schoben sich vor die Sonne über der Frankfurter Skyline am anderen Mainufer.

Die kleine Wohnung war spärlich möbliert: ein niedriger Wohnzimmertisch, eine durchgesessene Couch, eine schäbige Pressspan-Kommode auf der ein Fernseher stand. Brandlöcher im Teppich, ein überquellender Aschenbecher, leere Bierdosen.

In der Küche stapelte sich schmutziges Geschirr in der Spüle, auf einem alten Wirtshaustisch in der Ecke standen noch mehr leere Bierdosen und eine halbvolle Flasche Jim Beam. Maik schraubte den Verschluss ab, roch an der Öffnung, dann nahm er einen kräftigen Schluck. Der Whisky brannte im Rachen, verbreitete aber sofort angenehme Wärme in seinem Bauch. In Zorans Kühlschrank fand er eine Flasche Cola light, ein paar Eier und Tomaten sowie einen Schnippel Wurst und eine Packung Weißbrot.

Dann fiel ihm etwas ein.

Maik kehrte ins Wohnzimmer zurück, zog die Couch von der Wand und kippte sie um. An der Unterseite war ein kleines Päckchen mit mehreren Lagen silbernem Panzerband festgemacht. Er entfernte das Klebeband und fand die Pistole, die sich Zoran vor ein paar Monaten auf dem Schwarzmarkt in

Tschechien gekauft hatte. Eine russische Makarow, 9 Millimeter.

Maik ließ das Magazin aus dem Griff der Waffe gleiten. Acht Schuss, das sollte eigentlich genügen. Er hatte ohnehin nicht die Absicht, damit zu schießen, aber da er nicht wusste, was die nächsten Tage bringen würden, war es sicher keine schlechte Idee, auf alles vorbereitet zu sein. Außerdem war es immer noch möglich, dass Zoran hier auftauchte.

Maik ging mit der Pistole in der Hand zur Wohnungstür, schloss ab und ließ den Schlüssel stecken. Die Wolken über Frankfurt hatten sich verdichtet und als er die Waffe im Wohnzimmer auf den Tisch legte, besprenkelten dicke Regentropfen das Fenster.

Er wusste, dass es unklug war, hier zu bleiben, aber er wollte nicht noch eine Nacht im alten Präsidium verbringen. Die Aussicht, in einem richtigen Bett schlafen zu können, war einfach zu verlockend. Im Schlafzimmer zog er Zorans Bettzeug ab und legte seinen Schlafsack auf die Matratze.

Am Abend saß er vor dem Fernseher, die Pistole neben sich auf dem Sofa. Er hatte die Reste aus dem Kühlschrank gegessen und den Whisky getrunken. Unten an der Straße gab es eine Tankstelle, an der er sich noch mit etwas Proviant und Zigaretten hätte versorgen können, aber er wollte nicht, dass ihn der neugierige Nachbar ein- und ausgehen sah.

In einer der Schubladen hatte er etwas Tabak, Blättchen und sogar ein bisschen Gras gefunden und sich daraus einen krummen Joint gedreht. Bis gegen halb elf zappte er sich durch die Programme, dann legte er sich in Unterwäsche, aber mit der Pistole in Griffweite, ins Bett und fiel schnell in einen unruhigen Schlaf, aus dem er mehrmals vollkommen desorientiert erwachte. Vielleicht war es doch keine so gute Idee gewesen, die

Nacht hier zu verbringen. Er glaubte schon, überhaupt nicht mehr richtig zur Ruhe zu kommen, als er in den frühen Morgenstunden doch noch in einen tiefen, traumlosen Schlaf versank, aus dem ihn gegen halb zehn der Klingelton seines Handys weckte.

Der Mann schwieg noch einen Moment, nachdem Maik sich gemeldet hatte, dann berichtete er ansatzlos von Zorans Tod und dass die Polizei die Leiche seines Freundes in einer Kneipe im Bahnhofsviertel gefunden habe.

»Mit heruntergelassenen Hosen auf dem Scheißhaus«, knurrte der Anrufer und Maik spürte, wie ihm schlecht wurde. Das Koks sei aber immer noch nicht aufgetaucht, fügte der Mann hinzu, er habe also noch eine Chance.

Chance, dachte Maik. Du hast keine Chance, also nutze sie. Zoran musste das Koks versteckt haben, so viel war klar – aber wo?

Er stieg aus dem Bett und dachte beim Duschen darüber nach. Ihm fielen einige mögliche Verstecke ein, aber irgendwie glaubte er nicht recht daran, dass er dort die Tasche finden würde. Als er sich abtrocknete, fiel ihm siedend heiß noch etwas ganz anderes ein: Wenn die Bullen Zoran gefunden hatten, war es nur eine Frage der Zeit, bis sie seine Identität herausbekamen, und das würde sie auf direktem Weg hierher führen ...

Maik beeilte sich damit, in seine Klamotten zu kommen, packte seine Sachen und verließ die Wohnung. Er fuhr mit dem Aufzug nach unten und trat vor den Wohnblock, als er einen Streifenwagen um die Ecke biegen sah.

Aus sicherer Entfernung beobachtete er, wie die Beamten ausstiegen und im Haus verschwanden.

SAMSTAG, 8. JUNI 2019

Es hatte keinen Sinn: Die Blase drückte, er musste aufstehen, ob er wollte oder nicht.

Benny versuchte, die Augen nur so weit zu öffnen, wie es unbedingt nötig war, und taumelte aus dem Bett. Fast wäre er über seine Mutter gestolpert, die im Flur kniete und sich die Laufschuhe schnürte.

»Dir auch einen guten Morgen!«, rief sie ihm aufgesetzt fröhlich hinterher, als er wortlos im Bad verschwand.

Er erledigte, was zu erledigen war, und wollte möglichst schnell wieder zurück in sein Zimmer, wurde aber im Flur erneut von seiner Mutter aufgehalten, die sich auf dem Treppenabsatz zu ihm umdrehte.

»Wir müssen mal reden, ja?«

»Hm.«

»Hast du mich verstanden?«

Benny hob kurz die Hand, als Zeichen, dass er verstanden hatte, und war schon fast wieder in seinem Zimmer, als seine Mutter ihm den Weg abschnitt und sich zwischen ihn und die Tür schob.

»Ich habe gefragt, ob du das verstanden hast?«

»Ja, habe ich, jetzt lass mich in Ruhe!«

»Benny, es ist deine Zukunft, dein Leben!«

»Ich bin müde, jetzt lass mich doch ...«

»Benny ...«

»Was?«

Seine Mutter holte tief Luft, als wolle sie zu einer längeren Rede ansetzen, sagte dann aber nur: »Ich weiß nicht mehr, was ich mit dir machen soll ...«

»Am besten nix«, brummte Benny, schob sich an ihr vorbei in sein Zimmer und schloss die Tür. Er spürte, dass seine Mutter noch eine Weile draußen im Flur stand, dann hörte er, wie sie schließlich die Treppe hinunterging und das Haus verließ.

Später würden sie ihn mal wieder zum gemeinsamen Gespräch in die Küche rufen. Seine Mutter würde reden und sein Vater ihr in allem zustimmen. Wie er das hasste. Die Einigkeit der besorgten Eltern. Dabei war es noch gar nicht so lange her, da war ein Gespräch zwischen seinen Eltern überhaupt nicht möglich, entweder sie schrien sich an oder sie schwiegen sich aus. Dazwischen gab es nichts.

Lasst euch doch scheiden, hatte er damals oft gedacht und nichts dabei empfunden. Dann hatte er die Schule geschmissen und damit zumindest vorübergehend die Ehe seiner Eltern gerettet, denn auf einmal gab es etwas, in dem sie sich wieder einig waren, nämlich, dass ihr Sohn dabei war, sein Leben gegen die Wand zu fahren.

Vielleicht tat er das ja auch wirklich. Keine Ahnung. Er würde jedenfalls jetzt nicht darüber nachdenken.

Benny legte sich wieder ins Bett, konnte aber nicht mehr einschlafen. Er hatte in der Nacht lange mit einem älteren Urbexer aus Nordhessen gechattet, der schon im ganzen Bundesgebiet Lost Places erforscht und eine Website mit unglaublichen Fotos aufgesetzt hatte. Benny wollte von ihm gern ein paar Tipps und hatte einige der Fotos, die er in der alten Schule gemacht hatte, hochgeladen, um zu beweisen, dass es ihm ernst war. Der Urbexer gab sich beeindruckt, war aber auch schnell auf den rechtlichen Aspekt der Sache zu sprechen gekommen, man mache sich in den meisten Fällen ja zumindest des unbefugten Betretens und des Hausfriedensbruchs schuldig, keinesfalls dürfe man gewaltsam irgendwo eindringen oder etwas zerstören. Es gebe daher Regeln für das Erkunden von Lost Places, die sich alle Urbexer freiwillig auferlegten. Er gehe mal davon aus, dass Benny diesen Code kenne und das Schulgebäude offen zugänglich gewesen sei.

Klar doch, das war alles sauber, hatte Benny zurückgeschrieben, und sich sofort dafür geschämt. Bei der Sache in der alten Schule hatte er so ziemlich gegen jede Regel des Urbex-Codes verstoßen, die ihm bekannt war ...

Der verwinkelte Bau der alten gymnasialen Oberstufe am Wasserturm stand bereits seit längerem leer. Es war auch schon mit den ersten Entkernungsarbeiten begonnen und das Mobiliar herausgeschafft worden, in spätestens zwei Jahren würde das Gebäude komplett abgetragen sein. Die alte Schule hatte es Benny angetan, er wollte da unbedingt noch mal rein und Fotos machen, bevor alles abgerissen wurde.

Auf der Party seines Kumpels Jonas hatte er ein bisschen damit angegeben, dass er in der Urbexer-Szene aktiv sei und so getan, als habe er die alte Schule schon erkundet, wohl wissend, dass er damit bereits gegen eine der Urbex-Regeln verstieß, die lautete, dass verlassene Orte geheim bleiben sollten. Gut, der Leerstand der Schule war allseits bekannt, das milderte den Verstoß etwas, aber er hatte eben auch gelogen und gehofft, dass ihn keiner beim Wort nehmen würde. Sie standen draußen am Kelleraufgang und rauchten, von drinnen dröhnten die Bässe und manchmal kam einer rausgerannt, um ins Gebüsch zu kotzen. Riesenstimmung, und das schon kurz vor Mitternacht.

Leon und Finn waren jedenfalls gleich auf seine Geschichte angesprungen und Jonas' älterer Bruder Marlon auch – der hatte die ganze Zeit nur wenig dazu gesagt, stand aber auf einmal mit zwei Stabtaschenlampen vor dem Keller.

»Wir gehen da jetzt rein, Benny zeigt uns wie«, verkündete Marlon und sah alle der Reihe nach an. Leon und Finn jubelten, der fortgeschrittene Alkoholkonsum hatte sie offenbar unternehmungslustig gemacht.

Scheiße, dachte Benny, jetzt musste er Farbe bekennen.

»Also, ich…«, begann er und sah, wie sich Marlons Mund zu einem spöttischen Lächeln verzog. »Ja, also, so richtig drin war ich eigentlich noch gar nicht, ist ja alles zu…«

Leon und Finn stöhnten enttäuscht auf und verdrehten die Augen, aber Marlon sah ihn nur amüsiert an und sagte: »Das hab ich mir schon gedacht, Bennylein, aber weißte was? Ist egal!«

»Wie jetzt?«

»Wirste schon sehen, hol mal deine Kamera, wir treffen uns in einer halben Stunde aufm Schulhof. Das wird die Nacht deines Lebens, sag ich dir…«

Benny wollte abwiegeln, traute sich aber nicht. Marlon war einer, mit dem man es sich nicht verscherzen wollte. Es kursierten Geschichten, dass er illegale Rennen fuhr, Sachen vertickte und gute Kumpels bei den Hells Angels hatte. Wahrscheinlich war das meiste davon Mist, aber sicher konnte man sich da nie sein. Außerdem würden Finn und Leon überall herumerzählen, dass er ein Angeber und Feigling sei, wenn er jetzt nicht mitmachte.

Als er wenig später vor dem alten Schulgebäude ankam, teilten sich Leon und Finn gerade eine Dose Bier und rülpsten wild herum. Unauffällig verhielten sich die beiden jedenfalls nicht, aber der Gebäudekomplex lag abseits am Bahndamm und nachts kam hier eigentlich niemand her.

Benny sah die dunkle Fensterfront des zweistöckigen Gebäudekomplexes vor sich aufragen und fragte sich, wie er sich in dem verwinkelten Bau zurechtfinden würde. Sein Vater hatte hier vor gefühlten tausend Jahren noch sein Abitur gemacht, aber er selbst war nie in dem Gebäude gewesen, sondern schon in den Neubau am Groß-Gerauer Bahnhof gegangen, wenngleich er es dort nicht lange ausgehalten hatte. Ein Krachen, als ginge Glas zu Bruch, riss ihn aus seinen Gedanken. Das Geräusch hörte sich in der Dunkelheit unnatürlich laut an.

»Was war denn das?«

»Ich glaube, Marlon hat den Schlüssel zur Schule gefunden«, sagte Finn, und Leon brach in hysterisches Gelächter aus.

Benny schloss die Augen. Urbexer verschaffen sich niemals gewaltsam Zutritt zu einem Lost Place. So viel dazu.

Eine Taschenlampe flammte in der Dunkelheit auf, der Lichtschein tanzte auf und ab, als wolle er sie herbeirufen. Marlon stand um die Ecke, rauchend an eine Mauer gelehnt. Er hatte eine der hinteren Türen bei den Physikräumen aufgebrochen, die in den Stahlrahmen eingelassene Scheibe war dabei gesplittert.

Das Erste, was Benny auffiel, war der Geruch. Nasser Beton, der immer noch ein bisschen nach Schule roch, nach Kunststoffteppichboden und verbrauchter Luft. Während sich Benny mit seiner Taschenlampe in die alte Aula vortasten und Fotos machen wollte, verteilten sich die anderen auf den Fluren und fingen sofort an zu randalieren. Er hörte ihre Stimmen laut in den leeren Gängen widerhallen, ihre Schritte knallten auf dem nackten Betonboden. Etwas wurde aus der Wand gerissen und gegen eine Tür geschleudert. Jemand lachte.

Urbexer zerstören nichts, Vandalismus ist tabu, dachte Benny, das lief alles nicht so, wie er es sich erhofft hatte. Aber was sollte er machen?

Langsam tastete er sich im Schein der Taschenlampe voran, manche Türen und Zugänge waren verschlossen, er musste sehen, wie weit und wohin er kam. Er gelangte im ersten Stock in ein paar der alten Klassenräume, leuchtete die Winkel aus, fotografierte, hier hingen teilweise noch Tafeln, Kabel kamen bündelweise aus den Wänden. Er wusste nicht, wie viel Zeit vergangen war, aber irgendwann wurde ihm bewusst, dass er von den anderen schon lange nichts mehr gehört hatte. Vielleicht waren sie in einem anderen Trakt oder auf einem höhergelegenen Stockwerk zugange, er rief ihre Namen und bekam keine Antwort. Mit einem Mal beschlich ihn die Angst, irgendwo in der Dunkelheit könnte sich ein Loch unter ihm auftun, vielleicht hatte man hier und da ja schon Bodenplatten entfernt ...

Das Erkunden eines Lost Places kann sehr gefährlich sein. Daher achten wir vor Ort strengstens auf unsere Sicherheit, er kannte den entsprechenden Abschnitt des Urbexer-Codes sogar auswendig. Die Sache wurde ihm nun doch langsam unheimlich. Er tastete sich vorsichtig zurück ins Erdgeschoss und begab sich zum Ausgang. Er fand die aufgebrochene Tür, atmete auf und trat ins Freie, wo bereits die Polizei auf ihn wartete.

Eine schlaflose Rentnerin hatte mit ihrem kleinen Hund eine nächtliche Gassi-Runde gedreht und dabei den Schein ihrer Taschenlampen im Gebäude gesehen. Die anderen waren allerdings rechtzeitig verschwunden. Die Polizei wusste zwar, dass er nicht allein gewesen war, kannte aber keine Namen. Zumindest so lange nicht, bis seine Mutter ihn am nächsten Tag gezwungen hatte, sie preiszugeben. Schließlich habe er die Tür nicht aufgebrochen und randaliert habe er auch nicht, ob er dafür wirklich die Verantwortung übernehmen wolle? Für etwas, dass er nicht getan habe? Ob er glaube, das würde ihm von seinen Kumpels gedankt werden?

Ein paar Tage nach seiner Aussage hatte er eine WhatsApp-Nachricht von Jonas bekommen, dass Marlon total angepisst sei. Jonas hatte ihm empfohlen, sich von seinem Bruder in der nächsten Zeit lieber fernzuhalten. Und Leon und Finn sollte er alsbald besser auch nicht über den Weg laufen ...

Am meisten zugesetzt aber hatte ihm die Reaktion seines Vaters, wenn man es denn überhaupt eine Reaktion nennen konnte. Zuerst war er noch froh darüber gewesen, dass sein Alter in jener Nacht auf dem Polizeirevier keine großen Worte gemacht, sondern ihn einfach ausgelöst und mit nach Hause genommen hatte. Aber im Auto, spätestens daheim, da hätte er doch was sagen müssen. Irgendetwas. Egal was. Benny wollte ihm ja alles erzählen, es erklären, aber er brauchte ein Wort seines Vaters, um anfangen zu können. Doch sein Vater schwieg, so wie er in letzter Zeit immer schwieg, als ginge ihm das alles am Arsch vorbei.

Wenn sein Vater zu wenig redete, dann redete seine Mutter eindeutig zu viel. Und meistens zum falschen Zeitpunkt. Zum Beispiel, wenn sie einen am Samstagmorgen wachquatschte wie jetzt gerade.

Benny hörte, wie die Tür zum Elternschlafzimmer geöffnet wurde und sein Vater über den Flur tappte. Einen Moment war es still, dann hörte er das Rauschen der Klospülung. Kurz darauf klopfte es an seiner Tür. Benny zog sich die Decke über den Kopf.

***

Thomas Danzer klopfte noch einmal, dann öffnete er zögerlich die Tür einen Spaltbreit und spähte ins Zimmer seines Sohnes. Er hatte ihn vorhin mit Petra streiten gehört, aber jetzt schien er wieder zu schlafen. Leise schloss er die Tür und kehrte noch einmal ins Schlafzimmer zurück.

Gestern Abend hatte es geregnet, aber heute früh schien schon wieder die Sonne. Er stellte die Lamellen der Jalousie schräg und sah nach draußen. An der Fußgängerampel zur Fasanerie stand Petra und joggte auf der Stelle, um nicht aus dem Rhythmus zu kommen. Sie waren alle noch da, seiner Familie ging es gut. Anders als in dem Traum, der ihn geweckt hatte.

Er stand vor der Reihe mit den Klokabinen im Frankfurter Hauptbahnhof und wusste, dass sich hinter jeder Tür etwas verbarg: Petra, Benny und die Drogentasche. Er war Kandidat in einer bizarren Quizshow und musste sich für eine Tür entscheiden, was dahinter war, durfte er behalten, alles andere war für immer verloren. Er wählte die mittlere Tür, dort stand die Tasche auf dem heruntergeklappten Klodeckel. Im Traum schrie er und wollte sich umentscheiden, riss die anderen beiden Türen auf, aber hinter jeder Tür war immer nur die Tasche voller Drogen. Er drehte sich um und sah den dunkelhäutigen Angestellten, der immer noch seine Audiostöpsel im Ohr hatte, eine Melodie summte und ihn angrinste. Thomas packte den Jungen und schüttelte ihn, aber der lachte nur und deutete auf die Klotüren. Als Thomas sich umdrehte, war wieder nur die mittlere Tür geöffnet, aber statt der Tasche saß dort der Typ, den er hatte sterben sehen, er zielte wieder mit seiner Pistole auf Thomas und diesmal zitterte seine Hand nicht. Thomas wollte die Arme heben, aber da drückte der Mann schon ab...

Er war mit einem Angstschrei erwacht. Das Bett neben ihm war leer. Er hörte seine Frau auf dem Flur mit Benny schimpfen und da fiel ihm alles wieder ein. Hatte er sich bis gestern Abend noch eingeredet, dass er die Tasche jederzeit zur Polizei bringen konnte, musste er sich jetzt eingestehen, dass das nun, fast 24 Stunden nach seinem Fund, nicht mehr ganz so einfach und ohne Konsequenzen ablaufen würde.

Außerdem fragte er sich, ob der Inhalt der Tasche vielleicht gar kein Problem, sondern vielmehr die Lösung eines Problems sein konnte. Von dem Gedanken wurde ihm ein bisschen schwindelig. Er war doch kein Drogendealer! Aber warum hatte er die Tasche dann überhaupt mitgenommen? Warum dachte er jetzt schon wieder über ihren Wert nach? Bevor er die Tasche gestern Abend im Hobbykeller im Schrank hinter der alten Skiausrüstung versteckt hatte, hatte er sie gewogen. Es waren tatsächlich fast fünf Kilo – von was auch immer.

Das Schlagen der Haustür riss ihn aus seinen Gedanken. Petra war zurück. Klappern in der Küche, Schritte auf der Treppe. Thomas legte sich wieder ins Bett und schloss die Augen. Sekunden später wurde die Schlafzimmertür geöffnet, Petras Atem hatte sich vom Sport noch nicht beruhigt und ging ungleichmäßig. Er spürte, wie sich die Matratze etwas absenkte. Petra hatte sich auf ihre Seite des Bettes gesetzt und ruhte sich einen Moment aus. Sie zog die Laufschuhe aus, stand auf und streifte die Joggingklamotten ab. Thomas öffnete kurz die Augen und sah seine Frau in Slip und Sport-BH vor dem Wandspiegel stehen und sich kritisch begutachten. Er schloss die Augen wieder und Petra verließ das Schlafzimmer. Kurz darauf hörte er das prasselnde Geräusch der Dusche aus dem Badezimmer.

***

Maik betrat den mit Billigwaren vollgestellten Kiosk in der Münchener Straße und wunderte sich mal wieder, wie man mit diesem Ramsch Geld machen konnte. Hasan saß hinter der Glasvitrine, die ihm als Verkaufstresen diente und in der Plastikschmuck, Smartphone-Hüllen und in Plastikblistern verschweißte Prepaidhandys lagen.

»Hey, Ossi«, grüßte Hasan und sah nur kurz von seinem Handydisplay auf. Seit sie sich kannten, machte er sich einen Spaß daraus, ihn ›Ossi‹ zu nennen, obwohl er ganz genau wusste, dass Maik ein waschechter Frankfurter Bub war.

»Kann ich mal bei dir ins Internet?«

Hasan deutete auf eine schmale Tür mit der Aufschrift *Privat*. »Aber keine Pornoseiten, gelle?«

Maik zeigte ihm den Finger und verschwand in dem Büro, das eigentlich nur ein bis unter die Decke vollgestopfter Abstellraum war. In den Regalen stapelten sich Leitz-Ordner und lose Blätter, ein mehrseitiger Steuerbescheid mit Kaffeeflecken lag auf dem Schreibtisch vor dem Computerbildschirm. Maik deponierte seinen Rucksack und die Isomatte in einer Ecke, ließ sich in den ausgeleierten Drehstuhl fallen und bewegte die Maus, der PC-Bildschirm erwachte und zeigte die Benutzeroberfläche an.

Nachdem er den Bullen im Mainfeld gerade noch mal so entkommen war, hatte er sich nicht mehr getraut, nach Hause in seine eigene mickrige Kellerbude zu gehen. Zum Glück hatte er durch die geplante Kurierfahrt einiges dabei, was er jetzt gebrauchen konnte. Am Morgen hatte er zudem sein Girokonto geleert, er würde in den nächsten Tagen nur mit Bargeld bezahlen, um keine Spuren zu hinterlassen. Mit seinem zusammengerollten Schlafsack, der Matte und dem restlichen Gepäck sah er aus wie ein Rucksacktourist oder ein Landstreicher, ein Herumtreiber, den man irgendwo unterwegs sah und gleich darauf schon wieder vergessen hatte.

Maik rief den Internetbrowser auf und gab ein paar Suchbegriffe ein. Schnell hatte er die wesentlichen Informationen über Zorans Ableben im Netz gefunden. Die Frankfurter Nachrichtenseiten schrieben von einem grausigen Toilettenfund in einem

Bierlokal in der Elbestraße. Maik hatte eine vage Ahnung, welche Kneipe damit gemeint sein könnte, und zog los.

Wenig später stand er vor der massiven Kneipentür, durch die Butzenscheiben des Fensters daneben schimmerte kein Licht, offenbar war der Laden noch geschlossen.

Maik drückte trotzdem die Türklinke herunter, fand sie unverschlossen und trat ein. In dem kleinen, dunklen Schankraum roch es nach Reinigungsmittel und schalem Bier, alles war still. Die Stühle standen auf den Tischen und die Barhocker lagen umgedreht mit den Sitzpolstern auf der Theke. Aus einem der hinteren Räum kam der Wirt mit einem Handtuch in der Hand.

»Mir ham noch zu!«

»Die Tür war aber auf.«

»Mir ham trotzdem noch zu!«

»Ach ja?«

»Ja, und jetz raus, isch hab zu tun, kannst inner Stund widderkomme.«

»Ich hab nur eine Frage.«

»Und ich hab gesacht, dass mer noch zuham!«

»Dann würde ich mal lieber abschließen«, entgegnete Maik kühl und richtete die Makarow auf den Mann. »Aber schnell!«

»Hey, hey ... mach kaan Mist jetz, okay?« Der Wirt ließ das Handtuch fallen und hob die Arme. »E bissie Geld iss in de Kass, kannste alles ham ...«

Maik verzog das Gesicht. »Ich will dein scheiß Geld nicht, ich will, dass du abschließt!«

Der Wirt zögerte einen Moment, dann kramte er unter seiner Schürze einen Schlüsselbund hervor und ging zur Kneipentür. Maik warf einen schnellen Blick in den Hinterraum und den Flur zu den Toiletten, dann dirigierte er den Wirt mit der Pistole zurück hinter den Tresen.

»Wie war das mit dem Typ auf dem Scheißhaus?«

»Des hab isch de Bulle aach schon erzählt, ich weiß nix von dem Kerl. Isch hab an dem Daach Getränke geliefert gekrischt und die Deppe ham hinne widder alles uffstehe losse, da isser wohl rinn…«

»Und du hast ihn gefunden?«

Der Wirt nickte. »Do war vorher noch oaner uffem Klo, der muss aach hinnenaus soi, des is mer awwer erst später gekumme…«

»Und wie sah der aus?«

»Des isses jo: wie n Bänker, die losse sich hier awwer eischentlich eher nedd blicke…«

»Und du weißt nicht, wer das war?«

Der Wirt schüttelte den Kopf. »Beim Saubermache hab isch vorhient was gefunne…«

Maik sah die weinrote Mappe, die auf dem Tresen lag. Die Mappe sah teuer aus, aber der Inhalt war enttäuschend: eine alte Ausgabe der F.A.Z. und etwas Kleingeld. Er wollte sie schon wieder zurücklegen, als ihm ein kleines Einsteckfach auffiel, in dem eine Visitenkarte steckte.

»Du hast doch sicher nichts dagegen, wenn ich die mitnehme, oder?

Erneut schüttelte der Wirt den Kopf.

»Es gibt auch keinen Grund, die Bullen anzurufen, richtig?«

Der Wirt nickte eifrig.

»Sonst komme ich vielleicht wieder, verstehste?«

»Isch kenn disch doch gar net, hab disch nie gesehe, gar koa Problem…«

»Dann ist ja alles gut. Hinten geht's auch raus, sagst du?«

Maik verschwand durch die Hintertür und kehrte in den Kiosk in der Münchener Straße zurück. Hasan saß noch genauso wie vor einer halben Stunde hinter dem Glastresen und wischte gelangweilt auf dem Display seines Smartphones herum.

»Da biste ja schon wieder, Ossi«, brummte er ohne von seiner Beschäftigung aufzusehen.

»Kann ich noch mal an deinen Rechner?«

Hasan deutete mit dem Daumen hinter sich in den engen Büroraum.

»Und telefonieren müsste ich auch …«

»Aber nicht ins Ausland oder so!«

»Wen kenn ich denn im Ausland?«

»Keine Ahnung.« Hasan hob die Schultern. »Vielleicht die Russenmafia oder so.«

Maik verdrehte die Augen und Hasan lachte, als hätte er den Witz des Jahrhunderts gemacht.

Maik schloss die Tür und ließ sich erneut in den Drehstuhl mit der durchgesessenen Polsterung fallen. Er öffnete die Mappe und holte das kleine Kärtchen hervor. Eine Visitenkarte der Frankfurter Sparkasse: Thomas Danzer, Kundenberater. Kurzentschlossen wählte er die angegebene Nummer. Nach dem dritten Klingeln hob jemand ab.

»Sparkasse Frankfurt, mein Name ist Nicole Müller, was kann ich für Sie tun?«

»Ach, ich wollte eigentlich Herrn Danzer sprechen …«

»Herr Danzer arbeitet nicht mehr für uns, kann ich Ihnen denn vielleicht weiterhelfen?«

Maik wollte schon auflegen, da fiel ihm etwas ein. »Ach, das ist aber jetzt dumm, wissen Sie, ich bin nämlich ein alter Schulfreund von Thomas und wir planen ein Klassentreffen, und ich habe nur diese Nummer …«

Die Frau am anderen Ende der Leitung schwieg.

»Sie können mir nicht sagen, wo ich ihn jetzt erreiche?«

»Nein, bedauere, diese Informationen unterliegen dem Datenschutz.«

»Ja, natürlich, verstehe, verstehe, schon klar…«, lenkte Maik ein, legte aber noch nicht auf. Er spürte, wie die gute Frau Müller mit sich kämpfte.

»Also, soweit ich weiß, wohnt er immer noch in Groß-Gerau. Aber von mir wissen Sie das nicht.«

Na also, dachte Maik, geht doch. »Oh, das ist aber sehr freundlich von Ihnen, vielen Dank, Frau… Müller, Ich behandele das natürlich… diskret.«

Maik googelte Namen und Wohnort und hatte binnen wenigen Minuten alle Informationen, die er brauchte. Thomas Danzer besaß ein Xing-Profil, dessen Bild offen einsehbar war und auf dem er in weißem Hemd und roter Krawatte in die Kamera lächelte. Auf dem Berufsportal firmierte er interessanter Weise auch immer noch als Kundenberater der Frankfurter Sparkasse. Seine Privatadresse in Groß-Gerau war im örtlichen Telefonbuch verzeichnet. Er war offenbar verheiratet. Petra Danzer war Mitglied in der VHS-Yogagruppe und dem Lauftreff. Vor einer Woche hatte sie am »Lauf gegen Depression« in der Groß-Gerauer Fasanerie teilgenommen. Es gab ein Foto von ihr, das beim anschließenden Läuferfest im Innenhof des Dornberger Schlosses aufgenommen worden war. Dort posierte sie gemeinsam mit ihrem Mann und einem Jungen im Teenageralter, der alles andere als begeistert aussah.

Maik lehnte sich in den Bürosessel zurück und schloss die Augen. Wahrscheinlich hatte dieser Danzer nichts mit der Sache zu tun. Er hatte Zoran gefunden und war einfach abgehauen, okay, das konnte passieren, wenn man vollkommen arglos einen Toten fand und in Panik geriet. Aber dennoch wäre es logischer gewesen, in die Kneipe zurückzugehen und die Polizei zu rufen. Es sei denn...es sei denn, es gab etwas, dass dieser Danzer den Bullen nicht erzählen wollte. Vielleicht war der Banker ja auch gar nicht zufällig an diesem Morgen in der Pinte gewesen. Wenn er mit Zoran gemeinsame Sache gemacht hatte, dann...

Maik wusste, wie dünn das Eis war, auf dem er sich bewegte. Er hatte keine Beweise, nur ein paar windige Vermutungen. Aber es war auch das Einzige, was er hatte. Er musste jetzt auf seinen Instinkt vertrauen. Und der riet ihm, einen Ausflug zu Familie Danzer nach Groß-Gerau zu machen.

***

Erst als Thomas am frühen Samstagabend unter der Dusche stand, fiel ihm die Mappe wieder ein. Dass was fehlte. Dieses Gefühl, etwas vergessen zu haben, das sich zwar immer wieder schemenhaft in Erinnerung brachte, sich aber stets außerhalb des konkreten gedanklichen Zugriffs befand. Nun war es wieder da.

Er hatte keine Ahnung, warum ihm die Mappe ausgerechnet jetzt, wo er sich mit geschlossenen Augen Wasser ins Gesicht prasseln ließ, wieder einfiel, aber es war so. Er musste sie in der Kneipe im Bahnhofsviertel vergessen haben. Er hatte bezahlt und war auf die Toilette gegangen, und später durch die Hintertür abgehauen – an die Mappe, die noch auf dem Stuhl im Gastraum lag, hatte er da nicht mehr gedacht.

Thomas drehte das Wasser ab, stieg aus der Duschkabine und nahm ein Handtuch vom Haken. In der Mappe befand sich nur eine alte Zeitung und etwas Kleingeld. Konnte es sein, dass auch noch eine seiner Sparkassen-Karten in der Mappe gewesen war? Früher hatte er zumindest immer eine dabeigehabt.

Thomas wickelte sich das Handtuch um die Hüften und ließ sich auf dem Wannenrand nieder. Das mit der Karte wäre natürlich blöd. Bei dem Gedanken, dass ihm die Polizei so auf die Spur kommen könnte, wurde ihm schwindelig. Er schloss einen Moment die Augen und öffnete sie wieder, das Schwindelgefühl ebbte ab, aber dafür rebellierte jetzt sein Magen. Seine Gedanken wanderten wie von selbst sofort zu der Sporttasche im Keller. Er musste das Zeug loswerden, wollte es nicht im Haus haben. Thomas erschrak fürchterlich und hätte beinah aufgeschrien, als es an der Badezimmertür klopfte.

»Ich muss mal...«, hörte er Benny draußen auf dem Flur maulen. Thomas schloss die Augen. Er konnte in diesem Haus keinen klaren Gedanken mehr fassen.

»Mensch, geh doch unten!«, rief er durch die geschlossene Tür.

»Würde ich ja, aber da ist Mama...«

»Okay, okay...« Thomas erhob sich vom Wannenrand und ließ seinen Sohn herein.

»Dauert auch nicht lange«, brummte Benny und Thomas trat mit dem Handtuch um die Hüften auf den Flur.

Das klärende Gespräch, das Petra am Nachmittag initiiert hatte, war so verlaufen wie alle klärenden Gespräche, die sie in den letzten Wochen mit Benny geführt hatten. Nach einer Stunde waren sie alle drei erschöpft und keinen Schritt weiter.

»Vielleicht braucht er ja nur ein bisschen Zeit«, hatte Thomas später, als sie wieder allein waren, zu bedenken gegeben, und Petra war daraufhin einfach aufgestanden und aus dem Raum gegangen. Heute Abend bei Steffen und Tati würden sie miteinander lachen und scherzen, als sei alles in bester Ordnung. Darin waren sie beide mittlerweile richtig gut: die Fassade nach außen hin aufrechtzuerhalten. Leider war es das Einzige, worin sie noch gemeinsam gut waren. Thomas fragte sich gerade, wann und womit das alles angefangen hatte, da kam Benny aus dem Bad und verschwand wieder wortlos in seinem Zimmer.

Als er später in Jeans und Poloshirt nach unten kam, zog Petra gerade eine Stück Frischhaltefolie über die Schüssel mit dem Nudelsalat. Sie trug ein gelbes Sommerkleid mit dünnen Spaghettiträgern, die den Blick auf ihre Schultern und den Rücken freigaben. Thomas stellte fest, dass sie schon etwas Farbe bekommen hatte und überlegte, ob er ihr ein Kompliment machen sollte, ließ es dann aber sein. Die Fahrt zu Steffen und Tati verbrachten sie schweigend.

Thomas fuhr und Petra saß mit der Schüssel auf ihrem Schoß auf dem Beifahrersitz und sah durch das heruntergelassene Seitenfenster nach draußen.

Steffen hatte im letzten Jahr eines der wenigen freistehenden Häuser im neuen Baugebiet ›Am Zuckerwerk‹ gekauft. Nachdem die alte Zuckerfabrik abgerissen worden war, hatte eine Immobiliengesellschaft dort begonnen, eine Siedlung mit Reihen- und Doppelhäusern zu bauen, von denen die ersten wohl im nächsten Jahr bezugsfertig sein würden. Steffens Haus nahm natürlich eine Sonderstellung ein, es lag etwas abseits und er und Tati waren die Einzigen, die bereits in ihrem Haus wohnten, während um sie herum noch gebaut wurde. Der Blick von ihrer Terrasse ging auf eine begrünte Fläche mit Spazierwegen, an deren Ende sich allerdings die 15 Meter hohe graue Außenwand einer Logistikhalle erhob. Folgte man dieser, gelangte man unweigerlich zum nächsten Hindernis: der Lärmschutzwand, die den Wohnpark von der Bahnstrecke trennte. Steffen schien das alles nicht zu stören, aber Thomas kamen diese Wände und Schutzwälle immer wie die Grenzmauern in einem apokalyptischen Endzeitfilm vor.

Langsam fuhren sie die einzige schon befestigte Straße an den Reihenhäuschen entlang, vor denen sich teilweise noch tiefe Gräben auftaten, die hier und da mit Brettern überbrückt wurden. Das gesamte Gelände zwischen den Häusern war noch ziemlich kahl, am Rand der Siedlung türmten sich Sandberge und Schutthaufen auf, Paletten mit Steinplatten und Betonmischer standen herum.

Sie waren noch ein gutes Stück von Steffens und Tatis Haus entfernt, da hörten sie schon die Musik. Steffen liebte es, seine Anlage bis zum Anschlag aufzudrehen, hier draußen störte das ja noch keinen. Die Beats eines alten ZZ-Top Klassikers dröhnten durch die Zuckerwerksiedlung, als sie vor dem Haus hielten.

Die Eingangstür stand offen und Tati erschien auf der Treppe zum Haus. Sie trug abgeschnittene Jeans, ein enganliegendes rotes Top und war barfuß. Ihre langen rotblonden Haare hatte sie zu einem Zopf zusammengebunden. Als Thomas und Petra ausstiegen, legte sie ihre Hände wie einen Trichter um den Mund und rief ihnen zu: »Schön, dass ihr da seid, Steffen spinnt mal wieder!«

Petra lächelte, gab Thomas die Schüssel mit dem Salat, und umarmte Tati.

»Mensch, Steffen, jetzt mach endlich den Scheiß leiser, unsere Gäste sind da!«

Die Musik brach so abrupt ab, dass sich alle einen Moment verwundert ansahen. Tati gab Thomas zur Begrüßung einen Kuss auf die Wange. »Steffen hat es wieder mal übertrieben und Fleischberge eingekauft, die kein Mensch essen kann…«

Im Inneren des Hauses war es angenehm kühl. Die Wohnlandschaft von Rolf Benz war weiß und cremefarben, der Flachbildschirm an der Wand mit einem Dolby-Surround-System gekoppelt. Man sah den Dingen an, dass sie teuer gewesen waren.

Durch die rückwärtige Vollverglasung fiel die Abendsonne, die Markise war nur zur Hälfte heruntergelassen. Thomas sah Steffen in Shorts und T-Shirt auf der Terrasse vor seinem Weber-Grill stehen und Fleischstücke wenden. Er winkte ihn zu sich nach draußen, die Frauen waren in der Küche verschwunden.

»Nimm dir was zu trinken«, wies Steffen ihn an und deutete mit der Grillzange auf die Kühlbox in der Ecke. »Und gib mir auch gleich noch eins raus.«

Thomas nahm zwei Flaschen Bier aus der Box, hebelte mit dem an der Box angebrachten Öffner die Kronkorken von den Flaschenhälsen und gab eins an Steffen weiter, sie stießen an und tranken.

»Groß-Gerauer Union-Bier«, sagte Thomas, drehte die Flasche in der Hand und betrachtete das kreisrunde hellblaue Etikett. »Bist ja neuerdings ein richtiger Lokalpatriot.«

Steffen hob die Schultern. »Schlechter als die Plörre aus Pfungstadt kann's nicht sein, habe ich mir gedacht.« Er wandte sich wieder dem Grill zu, drehte die Steaks, schloss die Haube und nahm einen großen Schluck Bier.

»Alles in Ordnung?«

»Ach, Tati hat ihre Tage oder was weiß ich ...«

»Habt ihr Stress?«

Steffen warf einen Blick durchs Wohnzimmerfenster, um sich zu vergewissern, dass die Frauen nicht in der Nähe waren, dann sagte er: »Nichts ist ihr gut genug, an allem meckert sie rum.«

Thomas sagte nichts, sondern trank einen Schluck. Das Bier war so kalt, dass es an den Zähnen schmerzte.

»Manchmal denke ich, sie hat auf der Arbeit mit diesem neuen Controller was am Laufen. Ständig erzählt sie mir, wie toll der Arsch ist.«

»Dann läuft da bestimmt nix. Sonst würde sie dir doch nichts von dem erzählen.«

»Meinst du?« Steffen schien nachzudenken, dann schüttelte er den Kopf, als könne er so die miesen Gedanken vertreiben.

Thomas war sich dessen zwar überhaupt nicht sicher, nickte aber trotzdem. Das Problem war, dass Tati fast zehn Jahre jünger war als Steffen, der mit dem Älterwerden nicht gut zurechtkam und jeden jüngeren Mann als potenziellen Konkurrenten empfand. Erschwerend kam hinzu, dass Tati das sehr genau wusste und sich einen Spaß daraus machte, ihn mit nebulösen Andeutungen auf die Palme zu bringen. Die beiden spielten dieses Spiel schon seit geraumer Zeit und gerne auch vor Publikum. Thomas hoffte, dass es ihnen heute Abend erspart bleiben würde.

»Und? Wie sieht's aus mit eurem toten Fleisch?« Tati brachte die Salate auf die Terrasse und stellte die Schüsseln auf den gedeckten Tisch. Hinter ihr trat jetzt auch Petra aus der Tür, eine Flasche Weißwein und zwei Gläser in der Hand.

»Wer fährt nachher?«, fragte sie und strich Thomas mit der flachen Hand über den Rücken.

»Ich trinke das hier und später vielleicht noch ein Radler, du kannst ruhig Wein trinken.«

Petra küsste ihn auf die Wange. Thomas sah über den Grünstreifen zur Hallenwand hinüber. Die Sonne blendete nicht mehr, wärmte aber noch. Ein ungewöhnlich starkes Déjà-vu-Gefühl ergriff ihn für einen Moment und ebbte wieder ab.

Steffen hatte in der Zwischenzeit sein Bier schon wieder geleert. Er nahm sich ein neues aus der Box und hob mit der anderen Hand die Haube vom Grill. »In fünf Minuten können wir essen.«

Wenig später saßen sie um den Tisch und reichten die Schüsseln herum. Thomas und Steffen nahmen sich von den Steaks,

Petra ein Würstchen, nur Tati blieb bei grünem Salat und etwas Weißbrot mit Aioli.

»Die Putenspieße sind für dich«, sagte Steffen kauend und wies mit der Gabel auf das Tablett mit dem gegrillten Fleisch.

»Ich mag aber heute keine Putenspieße«, gab Tati kurz angebunden zurück.

»Heute Nachmittag wolltest du doch unbedingt, dass ich Spieße für dich mitbringe.«

Tati ging nicht darauf ein, sondern hob ihr Glas und stieß demonstrativ mit Petra an, die Thomas einen schnellen Blick zuwarf. Vorgeplänkel, sagte dieser Blick.

Nach dem Essen erzählte Tati von einem Kurztrip nach Paris und zeigte Fotos auf ihrem Smartphone. Sie hatten ein Selfie auf dem Eiffelturm gemacht, ihre Köpfe ganz nah beieinander, Steffen zeigte mit den Fingern das Victory-Zeichen. Petra sagte schwärmerisch, dass sie unbedingt auch mal nach Paris wolle, und Thomas wunderte sich, denn über Paris hatte seine Frau in all den Ehejahren noch nie ein Wort verloren. Er versuchte ihren Blick aufzufangen, hatte aber das Gefühl, dass Petra einen Augenkontakt bewusst vermied.

»Und was macht ihr noch so über Pfingsten?«, fragte Tati und weil Petra nicht gleich antwortete, erwiderte Thomas: »Nichts Besonderes, wir holen morgen meinen Vater aus dem Heim, zum Mittagessen.«

»Und was gibt's?«, fragte Steffen mäßig interessiert. »Zu essen, meine ich.«

»Rheinischen Sauerbraten mit Rotkraut und Klößen hat er sich gewünscht«, sagte Petra.

»Echt jetzt? Und du kochst das für alle? Ist das nicht ein Riesenaufwand? Ich könnte das ja gar nicht.« Tati trank einen

Schluck Wein und sah ihre Freundin halb bewundernd, halb ungläubig an. Petra hob die Schultern, als wäre es keine große Sache.

»Ja, stell dir nur vor«, säuselte Steffen provokant, »es gibt doch tatsächlich Frauen, die können richtig kochen, nicht nur ...«

»Nicht nur was?«, schnitt Tati ihrem Mann das Wort ab, der winkte ab und wandte sich an Thomas: »Kommste mal mit?«

»Ja, haut ihr nur ab und lasst uns mit dem dreckigen Geschirr hier sitzen!«, stänkerte Tati, als sie sich von ihren Plätzen erhoben.

»Ach, lass sie doch«, mischte sich Petra ein.

Tati zuckte mit den Achseln. Steffen nahm sein Bier und ging wortlos ins Haus, Thomas folgte ihm.

Im Keller des Hauses hatte sich Steffen einen Hobbyraum eingerichtet, eine Mischung aus Partykeller und Herrenzimmer, mit breiten Ledersesseln, einer Bar und einem weiteren Flachbildschirm, auf dem er sich gern Sportübertragungen ansah. Steffen hatte gleich mehrere Bezahlsender abonniert und prahlte oft damit, dass er im Grunde genommen jedes Sportereignis der Welt, bei dem eine Kamera zugegen war, streamen konnte.

Thomas ließ sich in einem der Clubsessel nieder, hier unten war es kühler als oben, sodass ihm ein Schauder über den Rücken lief und sich eine Gänsehaut auf seinen nackten Unterarmen bildete.

»Und? Hast du gemerkt, wie Tati drauf ist?« Steffen trank im Stehen sein Bier aus und schüttelte den Kopf. »Die tickt doch nicht mehr ganz richtig.«

»Naja«, lenkte Thomas ein, »sie will dich halt provozieren, entschuldige, wenn ich das so sage, aber das ist doch bei euch ...«

»Normal? Meinst du?«

Thomas machte eine vage Geste.

»Na, ist ja auch egal. Was wollen wir trinken?« Steffen öffnete den Barschrank, der mit einer ansehnlichen Mischung aus Spirituosen gefüllt war. »Single Malt? Bourbon? Willy? Oder lieber doch Cognac?«

»Ich muss noch fahren«, gab Thomas zu bedenken, aber Steffen wischte seinen Einwand beiseite.

»Ach, komm schon, einer geht, da passiert doch nix.«

»Also gut, dann einen Scotch.«

Steffen bereitete die Drinks vor, füllte Eiswürfel in die Tumbler und maß den Whisky für Thomas ab. Sich selbst schenkte er einen Doppelten ein. »Soll ich uns Musik anmachen?«

»Was hast du vor«, lachte Thomas, »mich verführen?«

»Sowas ähnliches …«, erwiderte Steffen ernst und kam mit den Gläsern in der Hand zu dem kleinen Sitzbereich. Er gab Thomas das Glas mit der niedrigeren Füllhöhe, ließ sich in den Sessel gegenüber fallen und prostete ihm zu.

Thomas nippte nur an dem Whisky, aber Steffen stürzte seinen Doppelten in einem Zug herunter. Bevor Thomas etwas dazu sagen konnte, sprang sein Freund auf, ging zur Bar, holte die Flasche Glenmorangie und schenkte sich großzügig nach.

»Du bist sicher, dass du nicht noch einen willst?«

»Absolut. Außerdem habe ich noch.« Thomas hob sein Glas und ließ die goldgelbe Flüssigkeit darin kreisen.

Steffen nickte, führte sein Glas an den Mund und trank es aus, dann ließ er sich mit geschlossenen Augen in den Sessel zurückfallen.

»Was ist denn eigentlich los mit dir?«, fragte Thomas vorsichtig. »Du säufst dir hier doch nicht wegen der üblichen Streitereien mit Tati einen an, oder?«

»Ach Gott, Tati ...« Steffen winkte, immer noch mit geschlossenen Augen, müde ab. »Die ist nun wirklich das kleinste meiner Probleme.«

Probleme, dachte Thomas. In Steffens Leben gab es keine Probleme, höchstens Herausforderungen, so hatte er es selbst einmal formuliert. Wenn er jetzt ihm gegenüber zugab, Probleme zu haben, war das keine Kleinigkeit. In Anbetracht seiner eigenen Schwierigkeiten war sich Thomas allerdings nicht sicher, ob er wirklich hören wollte, was sein Freund auf dem Herzen hatte.

»Okay, die lange oder die kurze Version?«

»Ich weiß nicht ...«

»Dann also erstmal die kurze«, sagte Steffen, machte eine Kunstpause und fügte hinzu: »Ich hab mich verzockt.«

»Du hast dich verzockt?«

»Ja, verzockt, hörst du schlecht, oder was?« Steffen griff nach der Flasche und schenkte sich erneut nach. »Ich habe einen Tipp bekommen und was riskiert und bin baden gegangen.«

»Dein Geld?«

Steffen nahm einen Schluck Whisky. »Ja, auch, aber nicht nur, das ist es ja ...«

»Du hast Geld von Anlegern veruntreut?«

Steffen sah ihn aus leicht glasigen Augen an. »Veruntreut, das hört sich ja an, als ob ich ein Krimineller wäre. Ich habe ... investiert. Leider an den falschen Stellen und leider auch entgegen den Regeln der Bank.«

Thomas wusste nicht, wie er darauf reagieren sollte. Er trank einen Schluck, der Whisky hatte sich bereits mit dem Wasser des zur Hälfte geschmolzenen Eiswürfels vermischt und schmeckte nicht mehr so intensiv.

»Also die Sache ist die«, fuhr Steffen fort und rutschte dabei unruhig in seinem Sessel herum, »ich brauche Geld, um das Konto bei der Bank wieder aufzufüllen, bevor jemand Nachforschungen anstellt…«

Thomas sah seinen Freund unverwandt an, der seinem Blick auswich. »Wie viel… wie viel hast du denn in den Sand gesetzt?«

»Hunderttausend«, murmelte Steffen und sah dabei auf den Boden zwischen seinen Füßen.

Thomas blies die Backen auf und ließ die Luft langsam durch den Mund entweichen. »Das ist…«

»Ja, das ist 'ne Menge Geld, ich weiß, aber wenn du mir nur… was weiß ich… vielleicht zehn- oder besser zwanzigtausend leihen könntest, das wäre schon mal ein Anfang, das würde mir ja schon etwas weiterhelfen.«

Steffens Blick hatte jetzt etwas Gehetztes. Thomas drehte das leere Glas in den Händen. Am liebsten wäre er aufgestanden und gegangen. Einfach in die Nacht hinausgelaufen. Er musste irgendwohin, wo er in Ruhe über alles nachdenken konnte.

»Steffen, ich kann dir nichts leihen, das geht im Moment einfach nicht. Es tut mir leid, aber… es geht wirklich nicht.«, brachte er schließlich hervor.

»Schon gut«, erwiderte Steffen gepresst, »verstehe schon.«

»Es geht einfach nicht.«

»Vergiss es einfach, okay?« Steffen erhob sich abrupt. »Lass uns mal wieder zu den Frauen gehen, ja?«

Auf der Terrasse saßen Petra und Tati im Schein der Windlichter, die sie auf dem Tisch verteilt hatten, und unterhielten sich leise. Sie verstummten, als die beiden Männer dazukamen.

Steffen war der Alkohol nun deutlich anzumerken. Er musste sich am Türrahmen abstützen, um seine Gangunsicherheit zu kaschieren. Eine Weile saßen sie sich schweigend gegenüber, die Frauen auf der einen, die Männer auf der anderen Seite.

Irgendwann machte Tati Musik und begann barfuß im Wohnzimmer zu tanzen. Steffen war mit dem Kinn auf der Brust eingeschlafen. Thomas sah, wie Petra auf der anderen Tischseite gedankenverloren eine Haarsträhne immer wieder um ihren Zeigefinger wickelte und dabei in die Dunkelheit starrte.

Als sie später schweigend nach Hause fuhren, spürte Thomas auf einmal den starken Impuls, Petra alles zu erzählen. Sie warteten an der roten Ampel auf der Linksabbiegerspur, die Tankstelle gegenüber leuchtete blau in der Nacht, und Thomas suchte nach den richtigen Worten, wohl wissend, dass es für seine Situation wohl keine richtigen Worte gab.

Er tastete nach Petras Hand und ließ seine Finger leicht über ihren Handrücken gleiten. Petra wandte sich ihm zu und sah ihn überrascht an. Einen Moment lang saßen sie so ganz still im Halbdunkel des Wagens, dann zog Petra ihre Hand zurück, wies mit einem Kopfnicken nach vorn durch die Windschutzscheibe, und sagte: »Es ist grün.«

PFINGSTSONNTAG, 9. JUNI 2019

Maik hatte die Nacht in Zimmer 256 des Kommissariats 21 der Sachfahndung verbracht. Die Namen der beiden Polizisten, die sich einmal das Büro mit Blick in den Innenhof geteilt hatten, standen noch auf einem Schildchen neben der Zimmertür. Die Herren Zimmermann und Berner saßen mittlerweile wahrscheinlich in einem Büro im neuen Präsidium oder genossen schon längst ihre Pension, während Maik hier auf dem abgetretenen Fußboden ihrer ehemaligen Arbeitsstelle campierte.

Sein Rücken schmerzte trotz der Isomatte, er hatte nicht gut geschlafen. Im alten Gebäudeteil waren in der Nacht wieder Kupfersammler unterwegs gewesen, er hatte den Schein ihrer Taschenlampen durch die Fenster tanzen gesehen. Auf dem Flur im Neubau waren bereits sämtliche Leitungen entkernt worden, weshalb sich die Edelmetalldiebe hier fast nie blicken ließen. Trotzdem musste er wachsam bleiben – wenn man ihm hier im Schlaf etwas über den Schädel schlug, war es aus und vorbei.

Maik raffte seine Habseligkeiten zusammen, trank einen Schluck und ging über den Flur in eines der Büros, aus dessen Fenstern man auf die Mainzer Landstraße hinunterschauen konnte. Die Sonne schien, der sonntägliche Feiertag hatte die Stadt geleert. Ein Taxi fuhr unten vorbei, eine alte Frau mit einem Rollkoffer überquerte in Zeitlupentempo bei Rot die Straße, ein Mann in Jeans und T-Shirt schlenderte den Bürgersteig entlang, eine Zeitung und eine Brötchentüte unterm Arm.

Maik lehnte sich an den abgeschabten Fensterrahmen und schloss die Augen. Der Geruch nach nassem Holz und Moder stieg ihm in die Nase, aber die Sonne wärmte sein Gesicht. Eine große Müdigkeit und das niederschmetternde Gefühl völliger Sinnlosigkeit erfassten ihn. Die Sache mit diesem Danzer war ein Strohhalm, an den er sich klammerte, aber so richtig daran glauben, konnte er einfach nicht.

Die Wahrheit war, dass er es verkackt hatte und in wenigen Tagen nicht mehr am Leben sein würde. Maik hatte selbstmitleidige Typen immer gehasst, am liebsten hätte er sich jetzt selbst in die Fresse geschlagen. Stattdessen schulterte er seinen Rucksack mit der zusammengerollten Matte und dem Schlafsack und verließ den Bau des alten Kommissariats. Er überquerte den Hof mit der nutzlosen Tankstellenüberdachung und kletterte über den Zaun auf das sonntäglich leere Außengelände der benachbarten Falk-Schule.

Er verließ den Schulhof an der Ludwigstraße, auch hier war niemand unterwegs, er hörte das ferne Rauschen des Verkehrs auf der Ebert-Anlage, ein Flugzeug malte einen Kondensstreifen an den makellos blauen Himmel über ihm. Ein paar Meter rechts lehnte ein offenbar vergessenes Fahrrad am Zaun. Er wartete noch ein paar Minuten und blinzelte in die Sonne, dann näherte er sich dem Rad.

Es war ein in die Jahre gekommenes Herrenrad mit dunkelblauem Gestänge und einer altmodischen Dreigangschaltung. An den Speichen und der Kette hingen kleine Dreckklumpen, aber die Reifen waren prall aufgepumpt und die Beleuchtung schien auch intakt zu sein.

Maik sah sich um. Hier war niemand. Das Fahrrad war lediglich mit einem dünnen Drahtschloss an den Zaun gekettet. Er setzte sich auf den Mauervorsprung unterhalb des Zauns und stellte seinen Rucksack vor sich, entnahm der Außentasche seine Zigaretten und zündete sich eine an. Er rauchte und behielt dabei die Straße und den Bürgersteig im Auge. Ein bronzefarben lackierter Mercedes fuhr langsam an ihm vorbei, der Mann am Steuer trug ein weißes Hemd, die strohblonde Frau auf dem Beifahrersitz eine Sonnenbrille mit großen Gläsern. Sie blickte aus dem Seitenfenster und als sie Maik sah, drehte sie den Kopf demonstrativ in die andere Richtung. Blöde Schlampe, dachte er und sah, wie der Wagen an der Ecke abbog.

Maik schnickte die Kippe in den Bordstein, packte sein Feuerzeug ein und zog stattdessen eine kleine Zange aus dem Rucksack. Mit einer routinierten Bewegung durchtrennte er das Kabelschloss, ließ die Zange zurück in den Rucksack wandern, erhob sich und fuhr auf dem Rad in Richtung Hauptbahnhof davon.

Im Gallusviertel hatten ein paar Penner einen lädierten Altkleidercontainer umgeworfen, wattierte Jacken, bunte Hemden und geblümte Omakleider quollen aus dem Einwurfschacht heraus. Als Maik vor dem Container anhielt, machten sich die beiden Berber davon. Er fand einen Strohhut mit braunem Band und setzte ihn auf. Als er wenig später am Bahnhof das Rad an einer der Schaufensterscheiben vorbeischob, sah er darin einen Landstreicher mit Gepäck und Dreitagebart gespiegelt, fehlte nur noch, dass er sich eine Feder an den Hut steckte.

An Gleis 1 befand sich eine Bäckerei, die geöffnet hatte. Er kaufte sich einen Kaffee und mit jedem Schluck aus dem Pappbecher fühlte er sich etwas besser. Die S7 stand bereit und Maik schob sein Rad in das dafür vorgesehene Abteil. Außer ihm war noch niemand in der Bahn. Er sah ein Pärchen Arm in Arm den Bahnsteig entlanggehen und ein Stück weiter vorne einsteigen.

In einer halben Stunde wäre er in Groß-Gerau. Er wusste immer noch nicht, ob er damit auf dem richtigen Weg war,

83

aber als die Bahn sich in Bewegung setzte, war er zumindest wieder fest davon überzeugt, die Chance, die er nicht hatte, zu nutzen.

***

Petra nahm den eingelegten Rinderbraten aus dem Kühlschrank, den sie dort vor drei Wochen deponiert hatte, und goss die Marinade ab.

Es war schon fast zehn und Thomas lag immer noch im Bett. Ihr war nicht entgangen, dass ihr Mann in den letzten Wochen länger schlief und insgesamt lethargischer wirkte als früher. Noch lethargischer. Er redete auch kaum noch, obwohl das schon länger der Fall war. Vielleicht, so dachte sie jetzt, redete er ja auch nur mit ihr nicht mehr, vielleicht gab es ja in der Bank jemanden, mit dem er sich jeden Tag beim Lunch lange unterhielt und vielleicht war dieser jemand ja eine hübsche junge Kollegin und vielleicht...

Nein, so einfach würde Thomas es ihr nicht machen. Der hatte keine wilden Affären, der wurde eher depressiv. Petra erschrak über die Bösartigkeit ihres eigenen Gedankens und schämte sich ein bisschen.

Sie richtete die Zutaten an, hackte die Zwiebeln, tupfte den Braten ab, stellte den Bräter auf den Herd und strich die Form mit Fett aus. Eigentlich war es schon viel zu warm für Sauerbraten, aber wenn Heiner Sauerbraten wollte, dann sollte er ihn auch bekommen. Petra mochte ihren Schwiegervater, er war zuweilen etwas derb und laut, machte dumme Sprüche, aber Männern seiner Generation konnte sie das einfach nicht übelnehmen. Außerdem hatte der alte Mann sein Herz am rechten Fleck, fand sie.

Heiner Danzer war im Frühjahr 85 Jahre alt geworden. Er erzählte immer wieder dieselben alten Geschichten, weil für ihn im Altenheim eben keine neuen mehr hinzukamen, aber auch das störte Petra nicht. Als seine Frau gestorben war, hatte der alte Heiner die ganze Beerdigung über geweint und sich seiner Tränen nicht im Mindesten geschämt, während Thomas stoisch am Sarg seiner Mutter gestanden und nicht eine Miene verzogen hatte. Geweint hatte er später, alleine im Bad oder nachts, wenn er glaubte, dass alle im Haus schliefen. Sie hatte sich damals gewünscht, dass er mit ihr reden, ihr die Chance geben würde, ihn zu trösten, ihm beizustehen.

Vielleicht hatte es damals schon begonnen.

Petra schüttelte die trüben Gedanken ab, briet das Fleisch an, gab die Zwiebeln hinzu und würzte mit Salz und Pfeffer nach. Das Ganze musste nachher mit den Kräutern, dem Zuckersirup und der Marinade noch gut zwei Stunden schmoren. Gegen zwölf würde Thomas seinen Vater aus dem Heim holen und um halb eins konnten sie dann zusammen draußen auf der Terrasse essen. Sie hoffte nur, dass Benny bis dahin ausgeschlafen und einigermaßen vorzeigbar war. Der Junge brachte sie jedes Mal an den Rand eines Nervenzusammenbruchs, er konnte fast so gut schweigen wie sein Vater. Die Fähigkeit, Probleme auszusitzen, das war es, was die beiden miteinander gemein hatten.

Petra löschte den Braten mit der Marinade ab und fragte sich, wie lange das noch so weitergehen konnte. Auf eine Initiative von Thomas durfte sie nicht warten, aber dann fiel ihr diese komische Situation gestern Abend im Auto wieder ein. Für einen Augenblick war sie fest davon überzeugt gewesen, dass er jetzt etwas sagen würde, dass der Moment gekommen war, eine Entscheidung zu fällen, aber dann bekam er mal wieder kein Wort heraus. Sie hatte ihm ihre Hand entzogen, halb enttäuscht und halb erleichtert.

Petra stellte den Ofen auf Schmorstufe und begann die Arbeitsplatte aufzuräumen, als sie hinter sich eine Bewegung wahrnahm und erschrocken herumfuhr. Thomas stand barfuß in Boxershorts und T-Shirt im Türrahmen.

»Mein Gott«, entfuhr es ihr, »was schleichst du dich denn hier so an!«

»Habe ich eigentlich gar nicht, du warst nur so in Gedanken, da hast du mich wohl nicht gehört. Ich wollte dich wirklich nicht erschrecken.«

»Ist dir leider nicht gelungen, was willst du?«

Thomas verzog den Mund zu einem ungläubigen Lächeln. »Kaffee?«

Petra räumte unwillig den Platz an der Arbeitsplatte und ließ Thomas an die Maschine. Er füllte den Wassertank, holte Filter und Kaffeepulver aus dem Hängeschrank und fragte beiläufig: »Was hältst du eigentlich von Steffen und Tati?«

Petra hob die Schultern. »Das Übliche mal wieder.«

»Tati hat nichts gesagt?«

»Willst du mich aushorchen?«

»Nein, nein, ich dachte nur ...«

Petra sah, wie Thomas den Filtereinsatz einklappte und die Maschine anstellte. »Was dachtest du?«

»Ach nichts«, erwiderte Thomas kopfschüttelnd und verließ die Küche.

Petra sah ihrem Mann hinterher. Erst jetzt fiel ihr auf, dass er in den letzten Wochen abgenommen hatte. Sie sah ihn im Flur verschwinden und kurz darauf mit der Sonntagszeitung in der Hand wieder zurückkommen.

»Ich setze mich raus, sagst du mir Bescheid, wenn der Kaffee durch ist?«

Petra ignorierte die Bitte und erwiderte: »Du musst den Tisch noch aufbauen.«

»Klar«, sagte Thomas, »mach ich.«

Als der Kaffee durch war, nahm sie eine Tasse aus dem Schrank, gab einen Schuss Milch hinein und füllte mit Kaffee auf, bis die Flüssigkeit eine hellbraune Färbung annahm.

Thomas saß mit der aufgeschlagenen Zeitung auf der Terrasse, las aber nicht, sondern starrte vor sich auf den Boden. Die Sonne schien, die Vögel zwitscherten und Petra hatte auf einmal dasselbe unheimliche Gefühl wie gestern Nacht im Auto: Thomas würde sich gleich zu ihr umdrehen, sie einen Moment einfach nur ansehen und dann so etwas sagen wie... eigentlich hatte sie keine Ahnung, was er sagen würde, aber angenehm würde es nicht sein.

Thomas drehte sich zu ihr um und sah die Tasse in ihrer Hand. Petra hielt die Luft an.

»Das ist sehr lieb von dir, Danke«, sagte er sanft, nahm ihr die Tasse ab, nippte an dem Kaffee und lächelte.

***

Thomas hatte bis kurz vor zehn geschlafen. Er war am Abend, nachdem sie nach Hause gekommen waren, sofort eingeschlafen und bis zum Morgen nicht mehr aufgewacht. Er hatte auch nichts geträumt, zumindest konnte er sich nach dem Erwachen an keinen Traum erinnern. Das Schlimme daran war, dass er sich auch nach über neun Stunden Schlaf immer noch nicht richtig ausgeruht fühlte. Der Sonntag lag wie eine einzige kraftraubende Zumutung vor ihm, der er gern mit der De-

87

cke über dem Kopf ausgewichen wäre. Doch dann fiel ihm die Tasche mit den Drogen wieder ein, für die er dringend eine Lösung finden musste.

Er hatte auf der Terrasse darüber nachgedacht, gegrübelt, seine Möglichkeiten erwogen. Dass Petra ihm den Kaffee herausbrachte, war ungewöhnlich. Früher hatten sie so etwas öfter füreinander getan, sich Getränke nachgefüllt, von unterwegs Kleinigkeiten mitgebracht, sich liebe Nachrichten hinterlassen.

Dass diese Geste ihn jetzt so sehr anrührte und überraschte, erinnerte ihn daran, wie wenig sie noch voneinander wussten, und weil er nicht auch noch darüber nachgrübeln wollte, hatte er sich an den Aufbau des Tisches und der Stühle gemacht. Als er damit fertig war, kam Petra mit einer Tischdecke und Sitzpolstern auf die Terrasse.

»Schaust du bitte mal nach Benny? Ich ertrage das heute Morgen einfach nicht ...«

Thomas nickte und machte sich auf den Weg nach oben ins Zimmer seines Sohnes. Er klopfte zweimal zaghaft, dann öffnete er die Tür einen Spaltbreit.

In dem Raum war es stockdunkel, der Rollladen vor dem großen Fenster bis auf den letzten Schlitz geschlossen. Die warme verbrauchte Luft stand wie eine zusätzliche Wand im Zimmer.

»Hier riecht es ja wie im Pumakäfig«, hatte seine Mutter früher immer gesagt, wenn sie am Wochenende in sein Zimmer gekommen war. Er erinnerte sich, dass er den Ausdruck damals vollkommen bescheuert gefunden hatte, jetzt kam er ihm auf einmal sehr zutreffend vor.

Teenager lüften nicht, das tun nur Eltern. Er war damals an den Wochenenden ja auch einfach so aus dem Bett gefallen, war zum Fußball oder feiern gegangen und hatte seinen Saustall zurückgelassen. Er hatte Freunde, den Sportverein und mit fünfzehn seine erste Freundin. Benny hatte, zumindest soweit er das wusste, nichts von alledem. Der Gedanke versetzte ihm einen Stich.

»Benny?«, flüsterte Thomas im Türrahmen stehend. Im Lichteinfall sah er den Lockenkopf seines Sohns am Kopfende des Bettes, der Rest seines Körpers war nur eine Erhebung unter der Bettdecke. Der Junge musste sich doch totschwitzen, dachte er, und sagte noch einmal, diesmal lauter: »Benny!«

Er bekam ein unwilliges Brummen zur Antwort, eine Hand schoss unter der Decke hervor und winkte ihn weg.

»Um halb eins, Mittagessen, dein Opa kommt, also zieh dir was halbwegs Ordentliches an.« Thomas wartete ein wenig und als keine Reaktion kam, fügte er hinzu: »Und kämm dich.«

Damit hatte er seine Schuldigkeit getan. Auf heftigere Aktionen wie das Hochziehen des Rollladens oder das Wegziehen der Decke verzichtete er, weil er wusste, dass das nur den Widerstandgeist seines Sohnes wecken und eine Totalverweigerung zur Folge haben würde.

Eine knappe Stunde später machte er sich frisch geduscht auf den Weg ins Altenheim an der Fasanerie. An der Stichstraße, die auf das mehrstöckige Heimgebäude zuführte, standen rechts langgezogene Wohnblocks und links Einfamilienhäuschen, die Straße mündete in einem Wendehammer.

Thomas Danzer konnte seinen Vater schon von weitem auf der Bank am Springbrunnen vor dem Heim sitzen sehen. Er hatte die Hände übereinandergelegt und auf seinen Stock gestützt, den er seit kurzem wegen einer leichten Gangunsicherheit immer bei sich hatte.

Thomas parkte den Wagen direkt vor dem Eingangsbereich, stieg aus und winkte seinem Vater. Der hob langsam den Kopf, blinzelte in die Sonne und begrüßte ihn mit den Worten: »Ich dachte schon, du kommst nicht mehr!«

»Vater, es ist zwölf Uhr!« Thomas hob einen Finger. »Hörst du das?« In der Ferne konnte man die Glocken läuten hören.

»Du hast gesagt, du kommst kurz vor zwölf!«

»Ja, okay, habe ich, wollen wir dann?«

»Wenn man kurz vor zwölf Uhr sagt und dann erst um zwölf kommt, wie nennst du das?«

Thomas ignorierte die Frage und sagte: »Also gut, entweder du kommst jetzt mit oder du gehst wieder rein.«

Heiner Danzer sah seinen Sohn einen Moment lang so an, als erwäge er wirklich, die Einladung jetzt doch noch auszuschlagen, aber dann erhob er sich und ging langsam auf seinen Stock gestützt auf das Auto am Straßenrand zu.

Thomas hielt seinem Vater die Tür auf, der sich für sein Alter und die zunehmende Arthritis noch erstaunlich geschmeidig bewegte.

Er hatte fast 40 Jahre lang ein ortsansässiges Handwerksunternehmen, das noch sein eigener Vater gegründet hatte, erfolgreich geführt, und später mitansehen müssen, wie die Firma ein paar Jahre, nachdem er sie an seinen Nachfolger übergeben hatte, sang- und klanglos den Bach runtergegangen war. »Ein Leben lang Gas, Wasser, Scheiße – und der Idiot fährt in Rekordzeit alles vor die Wand«, war das Einzige, was der alte Danzer damals zur Firmenpleite sagte. Dass er selbst den Idioten als Nachfolger bestimmt hatte, ließ er dabei natürlich außen vor. Am liebsten hätte er das Familienunternehmen sowieso an seinen Sohn übergeben, aber der hatte ja keine Lust, sich mit ehrlicher Arbeit die Finger schmutzig zu machen. Im Grunde genommen war also Thomas schuld daran, dass das Lebenswerk seines Vaters und Großvaters zerstört worden war. Nicht, dass

Heiner Danzer das jemals so gesagt hätte, aber Thomas kannte seinen Vater gut genug, um zu wissen, dass er es genauso empfand. Umso erstaunlicher fand er es, dass Petra und der alte Kotzbrocken sich von Anfang an gut verstanden hatten. Als sie vor dem Haus ankamen, stand seine Frau in der Tür und winkte ihnen zu. Heiner mühte sich den Weg hinauf und wehrte den Arm seines Sohnes ab, der ihn unterstützen wollte.

Petra küsste ihren Schwiegervater zur Begrüßung auf die Wange und der strich ihr zärtlich über den Arm.

»Siehst wieder hinreißend aus, mein Schatz! Weiß mein Sohn eigentlich, was er mit dir für einen Fang gemacht hat?«

Petra zwinkerte ihm gutmütig zu und begleitete den alten Mann durch den Flur.

»Wir essen draußen, auf der Terrasse«, hörte Thomas seine Frau im Weggehen noch sagen und wie sein Vater etwas Unverständliches zur Antwort gab, dann lachten beide.

Er blieb mit der leichten Sommerjacke seines Vaters über dem Arm auf den Stufen seines Hauses zurück und wäre am liebsten in den Wagen gestiegen und irgendwohin gefahren, wo er mit sich alleine sein konnte. An den Rhein, in den Taunus, ins Ried, scheißegal, nur weg von hier. Er hatte den Schlüssel noch in der Hand, der BMW war vollgetankt.

»Kommst du?« Petra stand wieder im Türrahmen und sah ihn stirnrunzelnd an. Thomas setzte sich in Bewegung.

Auf der Terrasse war eingedeckt. Thomas' Vater saß im Schatten vor einem Glas Bier und stellte Benny, der es tatsächlich aus dem Bett geschafft hatte, Fragen, die dieser wortkarg, aber halbwegs bereitwillig beantwortete.

Heiner Danzer lobte den Sauerbraten seiner Schwiegertochter in den höchsten Tönen und nutzte die Gelegenheit, nebenbei noch ein paar Mal anzumerken, dass sein Sohn gar nicht zu schätzen wisse, wie viel Glück er mit einer Frau wie ihr hatte. Petra reagierte darauf verhalten lächelnd und legte demonstrativ ihre Hand auf Thomas' Unterarm. Benny saß die ganze Zeit tief über seinen Teller gebeugt und tat so, als ginge ihn das alles nichts an.

Heiner Danzer ließ es sich schmecken, gestikulierte mit der Gabel und erzählte Geschichten aus seinem Berufsleben. An den geschniegelten Bankleuten ließ er mal wieder kein gutes Haar. So ein junger Schnösel von der Sparkasse habe ihn vor Jahren mal gefragt, wie er denn die Zukunftsperspektiven seines Betriebs einschätze.

Der alte Danzer sah sich am Tisch um. Thomas wusste schon, was jetzt kam, sagte aber nichts.

»Wisst ihr, was ich dem gesagt habe?« Er machte eine Kunstpause, dann fügte er hinzu: »Kacken und pissen müssen die Leute immer, habe ich dem gesagt und ihn stehenlassen!«

Benny hob den Kopf und verdrehte die Augen, Petra lachte pflichtschuldig und auch Thomas verzog die Mundwinkel zu so etwas wie einem Lächeln. Heiner Danzer lachte über seine eigene Anekdote so laut, dass man es in der ganzen Nachbarschaft hören konnte.

»Früher waren diese Typen wenigstens noch harmlos«, fügte er bitter hinzu, nachdem er sich wieder beruhigt hatte, »aber heute sind das ja richtige Verbrecher da in den Banken, die mit ihren Aktiengeschäften das Geld der kleinen Leute durchbringen ... und koksen tun die doch auch alle, die sind allesamt auf Drogen.«

»Naja«, wandte Thomas nervös lächelnd ein, »ganz so einfach und pauschal ist es dann doch nicht.«

Der alte Danzer ignorierte den Einwand seines Sohnes und fragte stattdessen nach einem Schnaps.

Nach dem Absacker räumten Petra und Thomas schweigend den Tisch ab, Benny verschwand nach oben in sein Zimmer und Heiner Danzer legte sich im Wohnzimmer auf die Couch. Als Thomas nach einer halben Stunde nach ihm sah, hatte der alte Mann die Augen geschlossen und schnarchte. Petra setzte sich mit einer Tasse Kaffee auf die Terrasse und nahm ein Sonnenbad. Thomas nutzte die Gelegenheit, um ungestört mit Steffen zu telefonieren.

Gegen halb vier erwachte Heiner Danzer aus seinem Mittagsschlaf und wollte wieder zurückgebracht werden, damit er rechtzeitig zum Abendessen wieder im Heim war. Den Einwand seines Sohnes, dass es dafür doch noch viel zu früh sei, wischte er mit der Bemerkung beiseite, dass im Altenheim alles früher als im normalen Leben vonstattenginge. Man stand früher auf, man aß früher, man ging früher schlafen.

Nur sterben, dachte Thomas auf einmal, nur sterben tat man nicht früher. Der Gedanke war einfach so da gewesen, und gleichzeitig das Gefühl tiefer Beschämung.

Auf der Fahrt ins Heim verdüsterte sich der Himmel etwas, über dem Taunus in der Ferne hingen Regenwolken und ein leichter Wind kam auf.

»Das gibt heute noch was«, brummte Heiner Danzer und sah aus dem Seitenfenster.

Als sie vor dem Heim ankamen, stieg Thomas aus, ging um den Wagen herum, öffnete die Beifahrertür und half seinem Vater beim Aussteigen. Sobald der Alte wieder auf den eigenen Füßen stand, schüttelte er den Arm seines Sohnes ab und trottete in Richtung Eingang davon.

»Musst nicht mit reinkommen«, rief er Thomas, der stehengeblieben war und seinem Vater hinterher sah, über die Schulter hinweg zu.

»Ja, dann, schön, dass du mal wieder bei uns warst ...«

Der alte Danzer reagierte nicht, tat so, als hätte er nichts gehört. Vielleicht hatte er das ja auch wirklich nicht, dachte Thomas, spielte das eine Rolle? Sein Vater würde sich nicht mehr ändern. Er würde irgendwann in diesem Heim sterben, die Heimleitung würde ihn, Thomas, anrufen, er würde kommen und eine Weile am Bett des Toten sitzen und dann alles Notwendige veranlassen. Mehr gab es dazu nicht zu sagen. Diese Erkenntnis war nicht neu, aber noch nie zuvor stand sie ihm so quälend klar vor Augen wie an diesem späten Pfingstnachmittag, als er vor dem Heim dabei zusah, wie sein Vater hinter der Schiebetür im Eingangsbereich verschwand, ohne sich noch einmal zu ihm umzudrehen.

Die Wolken über dem Taunus hatten sich nicht verflüchtigt, aber offenbar auch nicht vorwärtsbewegt, ab und zu fiel ein Schatten über die Sonne, aber es sah noch nicht nach Regen aus. Auf dem Radweg am Rande der Ortsausfahrt waren immer noch Familien mit bunten Fahrradanhängern unterwegs, ein sportiver Rennradler mit Helm und Sonnenbrille überholte alle anderen. An der Ecke am Dornberger Schloss saß ein Hippie im Schneidersitz vor seinem vollbepackten Fahrrad, hielt das Gesicht in die Sonne und rauchte eine Zigarette.

Thomas parkte den BMW vor dem Haus, als Benny gerade sein Mountainbike aus der Garage schob. Er sah kurz zu seinem Vater rüber und hob lässig die Hand.

»Na«, rief Thomas ihm zu, »noch verabredet?«

»Nur bisschen rumfahren, Helvetia Parc und so ...«

Thomas nickte. Der große Parkplatz am Einkaufszentrum hatte sich in den Abend- und Nachtstunden zu einem Treffpunkt für Jugendliche aus der Gegend entwickelt. Außerdem gab es dort einen Burger King, der bis nach Mitternacht geöffnet hatte.

Die Sonne war gewandert und die Terrasse hinter dem Haus lag jetzt komplett im Schatten. Petra saß zurückgelehnt mit geschlossenen Augen in ihrem Stuhl. Sie hatte die Beine von sich gesteckt und die Schuhe ausgezogen.

Thomas blieb einen Moment still im Türrahmen stehen, dann sagte er: »Ich fahr noch mal zu Steffen.«

Petra nickte, ohne dabei die Augen zu öffnen. »Ist gut. Ich gehe nachher noch ein paar Runden laufen.«

»Klar«, antwortete Thomas und ging zurück ins Haus. Er stieg die Treppe in den Keller hinunter, öffnete den Schrank mit der Skiausrüstung und holte die Tasche hervor, die er ganz hinten unter die Schneestiefel und Thermohosen gepackt hatte.

Mit der Tasche in der Hand verließ er das Haus. Er überlegte, ob er sie einfach auf dem Beifahrersitz abstellen sollte, entschied sich dann aber doch für den Kofferraum. Der Hippietyp, der vorhin noch rauchend an der Straßenecke gesessen hatte, hatte sein Rad mittlerweile gegenüber vor der Hecke geparkt und pumpte gerade seinen Hinterreifen auf. Er warf Thomas einen schnellen Blick zu, als der die Tasche im Kofferraum deponierte, dann wandte er sich wieder seinem platten Reifen zu. Thomas stieg in den Wagen und fuhr davon.

***

Maiks Herzschlag war außer Kontrolle, die Luftpumpe fiel ihm aus den Händen. Erst hatte er geglaubt, sich einfach getäuscht zu haben, aber der Typ, der da aus dem Haus kam, trug tatsächlich genau die gleiche Sporttasche, mit der Zoran am Donnerstag abgehauen war. Und wirkte der Typ nicht auch furchtbar nervös, als er sie im Kofferraum verschwinden ließ? Oder konnte das vielleicht alles doch nur ein bescheuerter Zufall sein und der Kerl fuhr nur zum Volleyball und hatte rein zufällig die gleiche Tasche?

Maik schloss die Augen und öffnete sie wieder. Er hatte den Mann jedenfalls kommen und mit dem Jungen sprechen sehen. Danach hatte er das Klingelschild gecheckt: Auf einer weißen Emailplakette neben dem Briefkasten waren in schwarzer Schrift die Namen Thomas, Petra und Benny Danzer eingeprägt. Das passte. Alles passte. Der Typ war der Banker, dessen Visitenkarte er in der Mappe gefunden hatte.

Maik war am frühen Nachmittag in Groß-Gerau eingetroffen und hatte sich ein wenig umgesehen. An einer Tankstelle kaufte er sich ein belegtes Brötchen, einen Schokoriegel und eine Dose Cola, dann radelte er weiter in Richtung Ortsmitte. Der Marktplatz der Kreisstadt war umgeben von einem verkehrsberuhigten Bereich, ein paar Kinder tobten um die dort aufgebauten Spielgeräte herum, ihre Eltern saßen auf den Bänken und rauchten. Am anderen Ende des Marktplatzes erhob sich das dreistöckige und mit tiefen Fenstern versehene Gebäude der Kreissparkasse. Auf Maik wirkte es ein bisschen so, als habe man den Rest der Stadt irgendwann um das Kreditinstitut herumgebaut, so sehr dominierte die auffällige Fassade den Platz.

Er aß sein karges Mittagessen und überlegte, wie er weiter vorgehen sollte. Er musste möglichst schnell herausfinden, ob er mit seiner Vermutung richtig lag – wenn nicht, konnte er noch heute wieder aus dem schönen Groß-Gerau verschwinden. Also war er später am Nachmittag mit Sack und Pack wieder aufgebrochen, hatte sich unter die Sonntagsausflügler gemischt und sich immer näher an das Haus der Danzers herangetastet. Er hoffte, zumindest einen ersten Eindruck zu gewinnen, deshalb hatte er die Reifenpanne simuliert, und dann kam tatsächlich dieser Danzer-Typ mit der Tasche aus dem Haus.

Maik war wie gelähmt. Erst jetzt wurde ihm bewusst, wie nah er wahrscheinlich der Lösung seines Problems gewesen war. Er hätte doch nur rübergehen und dem Typ eine verpassen müssen. Jetzt wusste er noch nicht mal, wo dieser Danzer mit der Tasche hin war, und mit dem Rad konnte er ihn ja auch schlecht verfolgen. Schöne Scheiße.

Während Maik noch seiner vertanen Chance hinterhertrauerte, öffnete sich die Haustür der Danzers erneut und eine schlanke Frau in bunter Joggingkleidung kam heraus. Das musste dann wohl Petra Danzer, die Frau des Drogen-Bankiers sein. Sie streckte sich ein paarmal und machte Dehnübungen am Gartenzaun, dann band sie sich ihre schulterlangen blonden Haare zu einem Zopf und trabte in mäßigem Tempo und mit wippendem Pferdeschwanz in Richtung Fußgängerampel davon. Maik folgte der Frau in einigem Abstand und als er an der Ampel ankam, sprang diese wieder auf Rot und die Joggerin war längst auf der anderen Straßenseite in einer parkartigen Anlage verschwunden. An der Mauer neben der Einfahrt stand auf weiß abgetöntem Grund in blassen roten Lettern *Fasanerie*.

Maik wusste nicht warum, aber er folgte ihr über die Straße und schob sein Rad auf den baumbestandenen Hauptweg der Fasanerie, hier waren Spaziergänger und andere Jogger unterwegs, aber von Petra Danzer war auf einmal nichts mehr zu sehen. Wahrscheinlich hatte sie das Tempo hier drüben deutlich angezogen und war in einen Seitenweg abgebogen. Die Baumwipfel bildeten ein Blätterdach hoch über den Wegen. Der Nachmittag verdüsterte sich einen Moment, dann brach die Sonne wieder hervor.

Der Hauptweg führte auf einen allein für sich stehenden hochaufragenden Baum zu, der von einem hölzernen Schutzzaun umgeben war und eine Wegscheide markierte. Auf einer der vier Bänke, die um die Kreuzung herum postiert waren, saß Petra Danzer und schminkte sich die Lippen rot. Maik warf ihr im Vorbeigehen einen verstohlenen Blick zu, als sie den Lippenstift gerade wieder in ihrer Gürteltasche verschwinden ließ. Er blieb stehen und tat so, als suche er etwas in seinem Rucksack. Petra Danzer erhob sich von der Bank und setzte ihren Weg in leichtem Trab fort, bis sie am anderen Ende des Weges die Fasanerie durch eine Maueröffnung verließ.

Maiks Interesse war geweckt. Er folgte ihr auf den schattigen Weg, der um die Fasaneriemauer herumführte. Es war ein reiner Spazierweg aus festgestampfter Erde, der auf der anderen Seite von Büschen und Holzzäunen, die kleine Einfamilienhäuschen einfriedeten, begrenzt wurde. Petra Danzer hatte das Joggen nun vollends eingestellt und schlenderte ein paar Meter vor ihm den Weg entlang. Auf einmal setzte sie, ohne sich umzublicken, im Scherensprung über einen halbhohen Gartenzaun und verschwand an der Seite des Hauses.

Maik näherte sich vorsichtig, an einem Baum stellte er das Fahrrad ab und spähte in den zugewachsenen Garten. Petra Danzer war die Treppen zu einer Souterrainwohnung hinabgestiegen. Die Tür wurde geöffnet und sie verschwand schnell im Haus. Maik hörte Stimmen aus den angrenzenden Gärten, der Geruch nach Grillfleisch hing in der Luft. Es war nicht ohne Risiko, aber dann stieg er auch über den Zaun und ging um das Haus herum.

Der hintere Teil des Gebäudes war von hohen Bäumen und einem Gartenzaun mit gespannter Sichtschutzfolie umgeben. Die geplättelte Terrasse war leer bis auf einen wackeligen Campingtisch, auf dem ein voller Aschenbecher stand, die Rollläden im Erdgeschoss waren alle heruntergelassen.

Maik ließ sich auf alle Viere nieder und tastete sich an das lange Fenster im Souterrain heran. Der Raum war in hellen Farben eingerichtet, eine gelborange aufgehende Sonne war an die Wand über das Kopfteil eines breiten Futon-Doppelbetts gemalt. Maik lag bäuchlings vor dem Schlafzimmerfenster und wollte sich schon wieder zurückziehen, als die Tür aufflog und Petra Danzer rückwärts in das Zimmer gestolpert kam, es sah fast so aus, als hätte sie jemand gestoßen. Sie fiel rücklings aufs Bett, Maik konnte sie durch das Fenster lachen hören.

Sie sagte etwas zu einer Person, die für Maik unsichtbar war, weil sie offenbar im Türrahmen stehengeblieben war. Er konnte nicht verstehen, was Petra Danzer sagte, aber im nächsten Moment zog sie sich das enganliegende Funktionsshirt über den Kopf, löste den Verschluss ihres Sport-BHs und streckte dem unsichtbaren Beobachter ihre Brüste entgegen. Jetzt trat ein schlanker, fast dürrer Mann aus der Ecke und knöpfte sein Hemd auf. Die Danzer zog sich Schuhe und Shorts aus, sie trug jetzt nur noch einen knappen Slip und weiße Sneaker-Söckchen. Sie erhob sich vom Bett und näherte sich dem Mann, der sie mit nacktem Oberkörper erwartete, und bevor sie etwas tun konnte, an den Handgelenken packte und zurück aufs Bett warf. Erneut hörte Maik die Frau lachen. Der Mann zog seine Jeans aus und näherte sich dem Bett, hielt dann aber abrupt inne, als sei ihm etwas Wichtiges eingefallen, und drehte den Kopf zum Fenster. Maik presste sein Gesicht tief in den Rasen und machte sich so flach wie möglich.

Der Mann kam mit großen Schritten direkt auf das Souterrainfenster zu, schien Maik aber gar nicht zu bemerken, sondern steuerte mit geilem Tunnelblick die Seite an, wo sich der Gurt für den Rollladen befinden musste, der dann auch gleich darauf vor dem Fenster herunterratterte.

Maik atmete auf. Noch mal Glück gehabt. Er hob seinen Kopf und spuckte Grashalme und Erdbröckchen aus. Ob ihm das, was er soeben miterlebt hatte, irgendwie helfen konnte, war noch fraglich, aber ein Nachteil war es sicher nicht.

Als er sich wieder um das Haus zurückbewegt hatte, fiel sein Blick auf die kleine Tafel neben dem Eingang der Souterrainwohnung. Bernhard Milde, stand dort geschrieben, ganzheitliche Homöopathie, Termine nach Vereinbarung.

Ganzheitlich also ... Er hatte sich schon immer gefragt, was so ein Homöopath wohl alles machte.

***

Benny trat in die Pedale und schoss über den Radweg auf die Brücke zu, er nahm den Schwung mit und gelangte mit energischem Nachtreten nach oben, sah die Bahngleise unter sich und stellte die Füße in den Rahmen, um sich abwärts in Richtung Büttelborn rollen zu lassen.

Benny hasste diese Feiertage, an denen er mit seinen Eltern und Opa Heiner beim Mittagessen heile Familienwelt spielen musste. Er hasste die pikierten Blicke, die sich die Erwachsenen zuwarfen, wenn er auf irgendwelche Schwachsinns-Fragen keine oder nur knappe Antworten gab. Er hasste das Rumsitzen, Besteckklappern, Essenloben – er konnte Sauerbraten nicht ausstehen.

Gottseidank schien jeder der Anwesenden heute irgendwie mit sich selbst zu tun gehabt zu haben, jedenfalls hatte keiner bemerkt, dass er das Essen nur auf dem Teller hin- und hergeschoben hatte.

Benny bremste ab, um unten am Sportplatz nicht in irgendeinen Idioten zu rasen, der aus dem Nichts auf den Radweg geschossen kam – hatte es hier alles schon gegeben. Noch bevor er die ersten Häuserreihen des Orts erreichte, bog er nach links über die Straße zwischen die Felder ab und gelangte schließlich auf den geschotterten Zwischenweg, der zum Helvetia Parc führte. Die Straße, die rund um den Einkaufskomplex lief, war heute weitgehend autofrei, auch die Kreisel, die Zu- und Abfahrten markierten, konnte man mit dem Rad gefahrlos nutzen. Der Burger King unterhalb des hochaufragenden Reklameturms hatte geöffnet. Benny lief das Wasser im Mund zusammen, ein Burger-Menü mit Pommes, um das verschmähte Mittagessen zu ersetzen, das wär's jetzt.

Im Außenbereich saß eine Familie mit drei Kindern, auf dem Tisch stapelten sich die Burger-Kartons auf den Tabletts, die Mutter verteilte Pommes und Getränke. Durch die verglasten Wände des Restaurants konnte Benny sehen, dass im Inneren nicht viel los war, nur wenige Tische waren besetzt.

Als er den Laden betrat, musste er feststellen, dass nur eine Kasse geöffnet hatte, vor der sich eine kurze Schlange von drei Leuten gebildet hatte. Ein vierter Kunde nahm gerade sein Tablett in Empfang und balancierte seine Mahlzeit an Benny vorbei, hielt aber überrascht inne, als er ihn erkannte.

»Scheiße, du hast vielleicht Nerven, hier aufzukreuzen!« Jonas sah Benny mit weitaufgerissenen Augen an. »Wenn mein Bruder mitkriegt, dass du hier rumhängst, bist du tot, Danzer!«

»Klar, ich mach mir jetzt schon in die Hosen«, entgegnete Benny und hoffte, dass es sich cooler anhörte, als er sich fühlte.

»Du kapierst es nicht, oder? Du hast Marlon und die anderen ganz schön angehängt bei den Bullen.«

Benny hob die Schultern und tat so, als würde ihn das alles nicht interessieren, ließ aber den Blick durch den Gastraum streifen, um nicht unangenehm überrascht zu werden.

Jonas schüttelte den Kopf, ließ Benny stehen und ging mit seinem Tablett demonstrativ ans andere Ende des Raums, damit Benny nicht etwa auf den Gedanken kam, sich zu ihm zu setzen.

Draußen knatterte ein Motorrad auf den Parkplatz. Im Außenbereich hatten sich zwei Typen an den Tisch hinter das Spielhaus gesetzt. Jonas steckte sich Pommes in den Mund und tippte auf seinem Handy herum. Vielleicht schrieb er ja gerade seinem Bruder eine Nachricht. Benny überlegte, ob es nicht besser wäre, unverrichteter Dinge wieder abzuhauen, aber dann packte ihn der Trotz. Er würde sich schließlich nicht den Rest seines Lebens vor Marlon, Leon und Finn verstecken können.

Wenig später hielt er einen Whopper mit extra Käse zwischen seinen Fingern, spähte beim Essen aber immer wieder durch die Vollverglasung nach draußen. Jedes Mal, wenn die Eingangstür zum Restaurant geöffnet wurde, schreckte er auf. Jonas war vor ein paar Minuten gegangen, ohne ihn auch nur noch eines Blickes zu würdigen. Dabei war er lange Zeit für ihn am ehesten das, was man einen Freund nennen konnte.

Benny legte seinen Burger ab, aß ein paar Pommes und spülte mit Cola nach. Ein Spaß war das hier nicht. Es fühlte sich im Gegenteil fast genauso beschissen an wie das Mittagessen mit seinen Eltern, anders halt, aber nicht wirklich besser. Jedenfalls beeilte er sich mit seiner Mahlzeit, und als er den Burger und die Pommes verdrückt hatte, nahm er den noch halbvollen Becher Cola mit auf den Heimweg.

Irgendwo hinter dem Bahnhof warf er den Pappbecher, in dem sich jetzt nur noch geschmolzene Eiswürfel befanden, ins Gebüsch, was er normalerweise niemals getan hätte, aber irgendwie wurde ihm das momentan alles immer gleichgültiger.

Er hatte keine Freunde, aber dafür jede Menge Ärger. Er hatte keine Idee, wie es für ihn im Leben weitergehen sollte, dafür aber Eltern, die das ganz genau wussten.

Benny nahm die Hände vom Lenker und schrie, so laut er nur konnte. Das half. Zumindest für eine kleine Weile.

***

»Ist Tati weg?«, fragte Thomas anstelle einer Begrüßung, als Steffen ihm die Tür öffnete. Er trug schwarze Cargo-Shorts und ein ausgeleiertes weißes T-Shirt und sah noch leicht verkatert aus.

»Hab ich doch am Telefon schon gesagt, die besucht ihre Eltern, was bist du denn so nervös?«

Thomas antwortete nicht, sondern schob sich an seinem Freund vorbei in die Wohnung.

»Was hasten da drin?« Steffen deutete auf die Sporttasche.

»Vielleicht die Lösung deiner Probleme...«

»Da drin?«

Thomas nickte. »Können wir nach unten gehen?«

»Klar doch.«

Im Keller deponierte Thomas die Tasche auf dem niedrigen Couchtisch, er war sich immer noch nicht sicher, ob es richtig war, jemand anderen mit in die Sache zu ziehen, aber jetzt war es zu spät. Außerdem hatte er gar keine andere Wahl.

»Hör zu, ich bin durch einen irren Zufall in den Besitz dieser Tasche gekommen und weiß nicht genau, was das ist, was sich darin befindet... also, ich weiß es eigentlich schon, aber eben nicht so genau...«

»Und du glaubst, ich könnte das wissen...« Steffen sah die Tasche an, wie man einen Hund ansah, von dem man nicht wusste, ob er bissig war.

»Ich habe keine Ahnung, aber vielleicht... also, pass auf, ich kann auch wieder gehen und wir tun einfach so, als hätte dieses Gespräch nie stattgefunden.«

»Mach mal auf!«

»Bist du sicher?«

»Jetzt mach endlich die Scheißtasche auf, verdammt!«

Thomas nickte, öffnete den Reißverschluss, und Steffen beugte sich stirnrunzelnd über die Tasche. Er nahm einen der Beutel heraus, wog ihn in der Hand, und fragte mit dünner Stimme: »Wo hast du das her?«

»Lange Geschichte.«

Steffen lachte kurz und trocken, dann schüttelte er den Kopf. »Das ist Koks oder Heroin oder sowas, eine ganze Tasche voll mit dem Zeug...«

Thomas nickte erneut. »Ja, aber was ist es wert und an wen kann man sowas... naja, verkaufen?«

»Woher soll ich das wissen?« Steffen sah ihn entgeistert an, dann ging er an die Bar und schenkte sich einen Whisky ein.

»Eigentlich wollte ich heute ja nichts trinken, aber wenn eben mal so ein guter alter Freund, der in seinem bisherigen Leben nicht gerade durch kriminelle Machenschaften aufgefallen ist, mit 'ner Tasche voller Drogen vorbeikommt, bleibt einem ja nix anderes übrig. Wegen dir werde ich noch zum Säufer. Auch einen?«

Thomas bejahte und Steffen nahm ein zweites Glas aus dem Schrank, füllte es und kam mit den großzügig bemessenen Drinks wieder an den Tisch. Auf Eiswürfel hatte er diesmal verzichtet.

Sie tranken, dann fragte Steffen erneut: »Wo hast du's her?«

»Ich kann's dir erzählen, aber dann gibt es kein Zurück mehr ...«

»Ach? Und du glaubst ernsthaft, jetzt habe ich noch eine Wahl oder was? Erzähl!«

Thomas erzählte, aber er erzählte nicht alles. Aus irgendeinem Grund schien es ihm besser, seine eigene Notlage zu verschweigen. Was er getan hatte und vor allem warum, würde Steffen ohnehin nicht begreifen. Einen gutbezahlten Job zu verlieren, weil man helfen wollte, darüber würde sein Freund nur lachen.

Er sei in der Mittagspause durch Zufall in dieser Kneipe in der Elbestraße gelandet, sagte er, und Steffen schien das zumindest nicht völlig unglaubhaft zu finden. Er hörte aufmerksam zu, trank dabei sein Glas leer und starrte dann an die Wand mit dem Flachbildschirm, als liefe dort ein Film ab, dem er sich nicht entziehen konnte.

Als Thomas mit seinem Bericht fertig war, sagte Steffen lange Zeit nichts, dann wandte er sich seinem Freund zu und sah ihn forschend an. »Warum bist du nicht zur Polizei? Ich meine, du bist doch gar nicht der Typ für solche Dinger ...«

Thomas hatte schon mit so etwas gerechnet. Er versuchte, einen möglichst unbedarften Eindruck zu machen, hob die Schultern und sagte: »Ich weiß es nicht, ich weiß es wirklich nicht ...«

Vielleicht erhoffte er sich ja tatsächlich, dass er mit dieser Wahnsinnsaktion alles wieder einrenken konnte, vielleicht wollte er sich aber auch nur selbst beweisen, dass alles seine Entscheidung war, dass er sein Leben doch noch im Griff hatte ... egal, was dann am Ende passieren würde.

Eine Weile sah Steffen ihn noch prüfend an, dann huschte ein Lächeln über sein Gesicht. »An der großen weiten Welt geschnuppert, was?«

Thomas sagte nichts.

»Ein bisschen Action im Leben, klar, aber dann gleich ein Drogendeal, wer hätte das gedacht…«

»Was schlägst du also vor?« fragte Thomas und ignorierte den provokanten Unterton seines Freundes.

»Jaruzelski«, antwortete Steffen wie aus der Pistole geschossen, er hatte offenbar schon über Optionen nachgedacht.

»Der ehemalige polnische Ministerpräsident?« Thomas hatte keine Ahnung, auf was Steffen hinauswollte.

»Quatsch, Ministerpräsident. Udo Jaruzelski aus der 10b, du erinnerst dich?«

Thomas dachte nach und stieß in seinem Gedächtnis auf einen untersetzten Muskelprotz, der damals nicht nur keinem Streit aus dem Weg gegangen war, sondern auch ziemlich aktiv Ärger gesucht hatte und deshalb von der Schule geflogen war. »Aha, und du hast Kontakt zu…diesem Udo?«

Steffen grunzte unwillig. »Jetzt tu mal nicht so etepetete, der Udo ist schon ganz in Ordnung. Hat ein bisschen Pech gehabt im Leben. Wohnt seit letztem Jahr wieder in Groß-Gerau, draußen auf Nord im Strasser-Block.«

»Im Strasser-Block?«

»Mein Gott, Thomas! Du willst eine Tasche voller harter Drogen verticken, meinst du, dabei hilft dir der Präsident vom ortsansässigen Lions Club?« Steffen war aufgesprungen und hatte die Fäuste geballt.

»Ich weiß nicht, ob es klug ist, da noch jemanden mit reinzuziehen, das zieht ja immer größere Kreise…«

Steffen entspannte sich wieder etwas und ließ sich in seinen Sessel zurückfallen. »Also gut. Was gibt es denn für Alternativen? Hm? Ebay?«

Thomas war erschöpft, er wusste nicht mehr, was er sich erhofft hatte, als er Steffen in die Sache eingeweiht hatte, aber das lief alles in eine Richtung, die ihm nicht gefiel.

»Als aller Erstes«, fuhr Steffen fort, »müssen wir wissen, mit was wir es hier überhaupt zu tun haben, okay? Und ich kenne nur eine Person, die in solchen Sachen eine gewisse ... Expertise hat.«

»Und das ist Udo Jaruzelski.«

»So ist es. Also überleg dir, was du damit machen willst, kannst es ja nicht ewig bei dir bunkern.«

Da hatte er allerdings recht. Thomas wollte die Drogen jetzt schon nicht mehr im Haus haben. »Würdest du die Tasche denn ..., also könntest du die vielleicht ...«

Steffen pfiff durch die Zähne. »Ich soll das Zeug hier aufbewahren, meinst du?«

Thomas hob die Hände, als wolle er sich ergeben. »Schon gut, tut mir leid.«

»Nein, nein, ich mach das, aber dafür krieg ich 60% von dem, was wir am Ende dafür bekommen. Kleine Gefahrenzulage.«

»Das ist ...« Thomas fehlten die Worte.

Es irritierte ihn, wie schnell sein Freund sich auf die Situation eingestellt hatte. Er konnte seit Tagen keinen klaren Gedanken fassen, weswegen er auch so lange versucht hatte, die Tasche mitsamt ihres Inhalts zu ignorieren, so als würde sich dann alles irgendwann von selbst lösen. Aber zehn Minuten, nachdem man Steffen diese Tasche voller Drogen auf den Tisch gestellt hatte, dachte der schon über nichts anderes als die Höhe seines Anteils nach. Er hatte sich mit vor der Brust verschränkten Armen in seinem Sessel zurückgelehnt und wartete auf Thomas' Antwort.

»Okay, sollst du haben.«

»Na, dann!« Steffen sprang auf und streckte ihm die Hand entgegen. »Ich kümmere mich um den Kontakt zu Udo und ruf dich an.«

Thomas ließ die Tasche auf dem Tisch zurück und verließ das Haus. Draußen hingen jetzt dunkle Regenwolken über der Stadt, in der Ferne donnerte es, und als er auf die Zufahrtsstraße abbog, fielen die ersten dicken Tropfen auf die Windschutzscheibe.

***

Maik kehrte noch einmal zum Haus der Danzers zurück, aber von dem BMW, in dem Thomas Danzer mit der Tasche verschwunden war, fehlte immer noch jede Spur. Gerade mutmaßte er, dass der Wagen jetzt vielleicht in der Doppelgarage stand, als der Junge der Danzers auf seinem Mountainbike die Straße herunterkam, die Auffahrt zum Haus nahm und das Garagentor öffnete, um sein Rad unterzustellen. Maik konnte sehen, dass im Inneren ein roter VW Polo geparkt war, die andere Hälfte der Garage war leer.

Als der Junge wieder herauskam, winkte Maik ihm zu. »Haste mal Feuer?«

Der Junge sah sich um, als wäre er sich nicht sicher, ob wirklich er gemeint war, dann kam er zu Maik an den Zaun getrottet, holte ein Benzin-Zippo aus seinen Shorts, und gab ihm Feuer.

»Danke«, sagte Maik lächelnd. »Auch eine?«

Der Junge schien zu überlegen, schüttelte aber dann den Kopf.

»Versteh schon, soll nicht jeder sehen, was?«

»Nee, besser nicht...«

»Sag mal, weißt du, wo man hier billig übernachten kann? Ich bin auf der Durchreise...«

Der Junge blies die Backen auf. »Nee, sorry, keine Ahnung. Es gibt das Hotel Adler, aber billig ist das eher nicht, glaube ich...«

Maik nickte, schob sich den Hut in den Nacken und schaute in den sich verdüsternden Himmel. »Und wo hängst du so rum?«

Der Junge zuckte die Achseln. »Keine Ahnung. Helvetia Parc, manchmal...«

»Das Einkaufszentrum hinterm Bahnhof?«

»Hm.«

»Gibt's da was Besonderes?«

»Eigentlich nicht. Ich muss dann auch mal wieder rein.«

»Klar, mach's gut!«

Maik sah dem jungen Schlaks hinterher. Jetzt hatte er fast schon die ganze Familie kennengelernt, fehlte nur noch Thomas Danzer persönlich.

PFINGSTMONTAG, 10. JUNI· 2019

Udo Jaruzelski würde einen Spaziergang zur Tankstelle machen müssen, wenn er den Tag nicht komplett rauchfrei verbringen wollte. Die Sauferei hatte er auf ein Minimum heruntergefahren, das Kiffen aufgegeben, und von härteren Sachen ließ er sowieso schon seit jeher die Finger – verticken ja, konsumieren nein, das war seine Devise, mit der er immer gut gefahren war.

Gut gefahren hieß in seinem Fall allerdings nur, dass er noch am Leben und kein totales Wrack war. Die Träume vom schnellen Geld, von teuren Autos und einer Luxuswohnung voller Playboy-Häschen hatte er sich seit seiner Jugend zwar bewahrt. Aber mit Ende vierzig, einem ansehnlichen Vorstrafenregister und einem kleinen Schuldenberg musste er sich eingestehen, dass diese Träume eben Träume bleiben würden.

Udo sah aus dem Fenster seiner Einzimmerwohnung im vierten Stock des Strasser-Blocks: der Himmel war blau, die Sonne schien, der Parkplatz zwischen Netto und Drogeriemarkt war wie leergefegt. Er hoffte, dass die Tankstelle am Autohaus, die sich ein Stück weiter die Straße hinunter am Ortsausgang befand, heute am Feiertag geöffnet hatte, sonst müsste er bis rüber zum Bahnhof laufen und darauf hatte er nicht die geringste Lust.

Auf dem Weg zur Tanke fiel ihm der Termin bei seinem Bewährungshelfer wieder ein. Der gute Mann war restlos begeistert von Udos Sozialprognose, und alles nur, weil er sich auf den miesen Job als Paketfahrer eingelassen hatte, seine Miniwohnung nicht verwahrlosen ließ und sich niemand über ihn beschwerte. Außerdem besuchte er im Rahmen eines Präventionsprojekts Brennpunktschulen und berichtete dort von seinem verkorksten Leben. Im Grunde genommen diente er als abschreckendes Beispiel, auch wenn es derart unverblümt niemand sagte. Udo war es egal, vielleicht hielt er damit ja tatsächlich den ein oder anderen Nachwuchskriminellen davon ab, sein Leben in den Sand zu setzen. Vielleicht auch nicht. Udo Jaruzelski hatte aufgehört, sich darüber allzu tiefgreifende Gedanken zu machen. Sein Bewährungshelfer meinte jedenfalls, er gebe der Gesellschaft damit etwas zurück, und Udo musste zugeben, dass das nicht das schlechteste Gefühl war.

Vor der Tankstelle standen Autos an den Zapfsäulen, der Werbeaufsteller mit den Eissorten war vor dem Eingang zum Laden platziert. Er war überrascht über den Ansturm, eine kleine Schlange hatte sich vor dem Tresen gebildet. Offenbar akzeptierte das Girogerät die EC-Karte eines Kunden nicht, was den Betrieb aufhielt.

»Versuchen Sie es bitte noch einmal, das gibt es doch gar nicht!«, empörte sich der Mann und die sichtlich gestresste Verkäuferin unternahm einen neuen Versuch.

Zwei Motorradfahrer in schwarzen Lederkombis warteten dahinter geduldig, ein älteres Ehepaar zählte schon mal passend Bargeld ab. Zwischen den Regalen mit den Süßigkeiten und Souvenirs strolchte ein vielleicht zehnjähriger Junge herum, der zu niemandem zu gehören schien. Er nahm einen Beutel Chips in die Hand, sah zum Verkaufstresen hinüber, legte ihn wieder zurück und schlich einen Gang weiter. Vor der Wand mit den Autoartikeln blieb er stehen, wieder ging sein Blick zum Tresen, wo man es mittlerweile mit einer anderen Karte probierte.

Der Junge nahm einen der Duftbäume vom Haken und sah ihn sich von allen Seiten an. Er war so damit beschäftigt, die Verkäuferin im Blick zu behalten, dass er Udo gar nicht bemerkte.

Der Chemiebaum wanderte unter das T-Shirt des Jungen, und da berührte Udo ihn sanft an der Schulter und legte einen Finger an die Lippen, als der Junge sich mit vor Schreck geweiteten Augen zum ihm umdrehte. Der Kleine hatte sämtliche Anfängerfehler gemacht, die man sich nur denken konnte. Udo fragte sich auch nicht, was der Junge wohl mit einem Duftbaum wollte. Es ging nicht um den blöden Chemiebaum, das ging es nie, es ging einzig und allein ums Klauen. Vielleicht warteten draußen auch ein paar seiner Kumpels, denen er etwas beweisen wollte. Vielleicht war ihm auch einfach nur langweilig. Die Gründe, warum ein Kind zu klauen anfing, waren manchmal furchtbar banal. Niemand wusste das besser als er.

Udo ging in die Knie und sah den Jungen an, der jetzt Tränen in den Augen hatte. »So, und jetzt häng ihn wieder hin, okay?«

Der Junge nickte, gehorchte sofort und sah Udo danach beifallsheischend an.

»Verschwinde, aber schnell.«

Das ließ sich der kleine Dieb nicht zweimal sagen. Mit ein paar schnellen Sprüngen war er aus dem Verkaufsraum verschwunden. Die Frau am Tresen hatte von der ganzen Aktion nichts mitbekommen.

Udo kaufte seine Zigaretten und verließ das Kassenhäuschen. Die freie Zeit des Feiertags lag vor ihm und wollte irgendwie ausgefüllt werden, aber Udo fiel außer Rauchen nichts ein. Er machte sich auf den Weg zurück zum Block. Seit er wieder in seinem Heimatort war, hatte er kaum Leute von früher getroffen und diejenigen, die er getroffen hatte, wollten mit ihm nichts zu tun haben. Er war ein paarmal mit dem Kleinen Schmidt ein Bier trinken gewesen, der war zwar ein ziemlicher Schaumschläger, aber er stellte keine dummen Fragen, nahm

Udo so, wie er nun mal war, und außerdem zahlte er jedes Mal am Ende des Abends die Zeche.

Udo hatte keine Lust auf seine enge Wohnung, in der er ohnehin nur wieder auf der Klappcouch vor dem Fernseher den freien Nachmittag verdämmern würde. Stattdessen lief er die Frankfurter Straße entlang der Einfamilienhäuschen weiter hinunter, bis er an einen unter Bäumen gelegenen Spielplatz kam, der außer ein paar Schaukeln, einem Sandkasten und einem Klettergerüst, von dem die Farbe abblätterte, nicht viel zu bieten hatte. Er zündete sich eine Zigarette an und ließ sich damit auf der Schaukel nieder, außer ihm war niemand hier, also würde sich auch niemand darüber beschweren, dass er auf einem Kinderspielplatz qualmte.

Udo schloss die Augen, schaukelte ein wenig hin und her und hörte das Rauschen der Autobahn, der Zubringer zur A67 befand sich direkt vor der Siedlung. Als er die Augen wieder öffnete, hatte sich etwas verändert. Der Junge aus der Tankstelle saß auf dem Klettergerüst und schaute zu ihm herüber. Als er bemerkte, dass Udo ihn gesehen hatte, sprang er herunter und kam auf ihn zu.

»Na?«, sagte Udo. Der kleine Möchtegerndieb trug löchrige Jeans und schmutzige Turnschuhe.

»Haste mal 'ne Kippe?«

»Kannst du denn schon rauchen? Klauen kannst du jedenfalls nicht.«

Der Junge verzog das Gesicht zu einer Grimasse. »Ach, fick dich doch!«

Udo schüttelte den Kopf und der Kleine dampfte ab. Es war ein gutes Gefühl, der Gesellschaft mal wieder etwas zurückgegeben zu haben, auch wenn es am Ende wahrscheinlich nur ein stinkender Chemiebaum war.

***

Petra war die Veränderung nicht entgangen, die Thomas seit gestern Nachmittag durchgemacht hatte. Leider war es keine gute Veränderung. Zu seiner wortkargen Lethargie war heute eine Reizbarkeit hinzugekommen, die völlig untypisch für ihn war. Sie sah durch die verglaste Terrassentür nach draußen, wo Thomas im Liegestuhl saß und mal wieder so tat, als läse er Zeitung. Dabei starrte er seit einer halben Stunde auf die ganzseitige Werbeanzeige eines Energieversorgers, die weniger Text hatte als ein Pixi-Buch.

Petra spürte, wie sein Verhalten sie langsam aber sicher mürbe machte. Sie hatte den Verdacht, dass Thomas alles wusste und sie mit seinem wissenden Schweigen so lange quälen wollte, bis sie es nicht mehr aushielt und vor ihm zusammenbrach. Irgendwie würde das zu ihm passen und irgendwie machte sie das immer noch furchtbar traurig.

Die Sache mit dem Homöopathen ging jetzt schon fast ein halbes Jahr. Bernhard Milde war im letzten Jahr einer ihrer ersten Buchhaltungskunden gewesen, und obwohl es bei ihm mit den Unterlagen und dem Finanzamt eigentlich nie wirkliche Probleme gab, hatte er trotzdem immer noch auf ein persönliches Treffen bestanden. Er war freundlich, kultiviert und charmant. Da war es dann eben passiert. Einfach so. Wobei, ganz so *einfach so* ist es dann wohl doch nicht passiert, das musste sie sich schon selbst eingestehen. Nein, natürlich nicht. Solche Sachen passierten nicht einfach so. Hierfür gab es einen Grund.

In der Küche war alles aufgeräumt und sauber, das Geschirr aus der Spülmaschine wieder in den Schränken, die Spüle gewienert, die Arbeitsplatte glänzte im Licht der einfallenden Sonne. Sie nahm einen Apfel aus der Obstschale, legte ihn wieder zurück, sah aus dem Fenster. Eine Familie auf Fahrrädern fuhr vorüber: Mutter und Tochter vorneweg, der kleine Sohn mit Stützrädern hinterher, der Vater die schützende Nachhut. Als Benny klein war, hatten sie auch solche Fahrradausflüge gemacht. Es kam ihr vor wie ein anderes Leben. Ein Leben, in dem sie und Thomas sonntags noch Hand in Hand spazieren gegangen waren und Benny sich ihnen begeistert anschloss, wenn sie ihm dafür nur ein Eis versprachen. Kleine Kinder, kleine Sorgen – große Kinder, große Sorgen. Sie mussten heute jedenfalls noch mal mit Benny reden. Ihm ihren Vorschlag unterbreiten. Das würde kein Spaß werden, vor allem nicht mit Thomas, der wie eine tickende Zeitbombe herumlief.

Bernhard wollte unbedingt, dass sie sich scheiden ließ und zu ihm zog. Ihr ging das alles ein bisschen zu schnell. Außerdem, und das war es, was sie wirklich beschäftigte und davon abhielt, etwas an ihrer Situation zu ändern: In Gedanken nannte sie Bernhard nie bei seinem Namen. Sie dachte an ihn immer nur als *die Sache mit dem Homöopathen*.

Der Homöopath war Teil ihrer Joggingrunde geworden. Der Homöopath tat ihr gut. Der Homöopath hatte lange dünne, aber kräftige Finger, und wenn sich diese Finger um ihre...

Petra spürte die Bewegung in ihrem Rücken und schrie auf.

»Herrgott, ich bin's doch nur!« Thomas wich ein Stück zurück und hob die Hände.

»Verdammt, musst du mich immer so erschrecken?« Das war schon das zweite Mal an diesem verlängerten Wochenende, dass Thomas sich so an sie heranschlich.

»Ich bin hier ganz normal in die Küche gekommen, keine Ahnung, wo du dich in Gedanken immerzu rumtreibst.«

Petra spürte, wie ihr die Hitze ins Gesicht stieg. Er weiß es, schoss es ihr durch den Kopf, er weiß es.

115

Thomas schob sich an ihr vorbei zum Kühlschrank, öffnete ihn und nahm sich eine Dose Bier heraus. Petra runzelte die Stirn.

»Ist was?«

»Du trinkst jetzt schon Bier?«

»Ja«, sagte Thomas und sah ihr dabei in die Augen. »Ja, ich trinke jetzt schon Bier, was dagegen?«

Petra schüttelte den Kopf. »Nein, natürlich ... natürlich nicht, es ist nur ... ach, nichts.«

Thomas sah sie noch einen Moment lang an. Das hier ist noch nicht zu Ende, dachte Petra, aber dann verließ er ohne ein weiteres Wort die Küche. Aus dem Wohnzimmer hörte sie kurz darauf das zischende Geräusch, als er den Verschluss der Dose knackte.

***

Den Luxus, in einem richtigen Bett zu schlafen, wusste man erst dann zu schätzen, wenn man oft genug an zugigen Orten auf Isomatten im Schlafsack übernachtet hatte. In Zorans Wohnung war er vorletzte Nacht nicht zur Ruhe gekommen, weil er fürchtete, entdeckt zu werden, und die Nächte im Präsidium waren sowieso immer Nächte, in denen er mit einem offenen Auge schlief. Maik hatte erst hierher nach Groß-Gerau ins Hotel Adler kommen müssen, um eine Nacht vollkommen entspannt durchschlafen zu können.

Die adrette junge Frau an der Rezeption hatte ihn gestern Abend zunächst etwas kritisch beäugt, als er sein Rad draußen abgestellt und in seinem Landstreicher-Outfit das Foyer des Hotels betreten hatte, war aber nach seinem Angebot, das Zimmer im Voraus und bar zu bezahlen, sehr freundlich gewesen.

Er hatte sich im Restaurant noch etwas zu essen gegönnt und war auf seinem Zimmer bei laufendem Fernseher eingeschlafen. Irgendwann in der Nacht war er aufgewacht, hatte die Flimmerkiste abgestellt und war sofort wieder eingeschlafen.

Natürlich trug auch die Begegnung mit Familie Danzer zu Maiks wiedergewonnener Ruhe bei. Er war sich sicher, dass Thomas Danzer die Tasche mit den Drogen irgendwo versteckt hatte, es war ganz unmöglich, dass er binnen so kurzer Zeit einen Abnehmer dafür gefunden hatte. Es sei denn, er war damit doch noch zu den Bullen gegangen...

Den Gedanken, dass die Polizei längst im Besitz der Tasche war, hatte er bisher erfolgreich verdrängen können, aber jetzt war er da und trieb ihn aus dem Bett. Maik schob die Gardine vor dem Fenster ein Stück beiseite und sah hinaus in den frühsommerlichen Vormittag. Genau gegenüber befand sich das alte historische Rathaus des Ortes, ein Fachwerkgebäude, aus dessen Dach ein kleiner Turm ragte, auf dem in allen Himmelsrichtungen Uhren angebracht waren. Schon fast elf, stellte Maik erstaunt fest, sein Körper hatte den Schlaf wohl wirklich nötig gehabt. Er hoffte, dass er unten noch ein Frühstück bekam, dann würde er duschen und mal sehen, wie er am besten an den Banker herankam.

Später fuhr er dann mehr oder weniger ziellos durch die Gegend und landete wieder in der zurückgebauten Gernsheimer Straße an der Fasanerie, doch bei den Danzers war alles still. Der BMW stand vor dem Haus, die Garagentür war geschlossen. Maik blieb wieder eine Zeit lang die Straße hinunter auf dem Parkplatz vor dem alten Dornberger Schloss stehen, aber weder der Banker noch sein Sohn ließen sich blicken, und auch Frau Danzer schien heute keine Lust zum Joggen zu haben.

***

»Benny, kommst du mal bitte? Wir müssen mit dir reden.«

Das klang nicht gut. Das klang überhaupt nicht gut. Benny wurde unsanft aus der Erkundung eines alten Sanatoriums gerissen, an der ihn ein Urbexer mittels Helmkamera online teilhaben ließ. Gerade durchstreiften sie den gekachelten Boden des alten Schwimmbads, die Kamera schwenkte die gefliesten Wände hinauf und schwebte bis unters Dach, durch dessen löchriges Gebälk einzelne Sonnenstrahlen in die Schwimmhalle fielen.

»Benny? Benny!«

Was sollte das eigentlich? Sie hatten doch erst am Samstag geredet. Was wollten die denn jetzt schon wieder.

Benny hörte, wie sein Vater ins Zimmer kam und ihm eine Hand auf die Schulter legte. »Benny, kommst du bitte mal zu uns runter?«

Im ersten Moment wollte er die Hand seines Alten einfach abschütteln, aber dann loggte er sich aus und drehte sich zu ihm um. Irgendwie sah sein Vater in den letzten Tagen anders aus, so gehetzt. Außerdem hatte er sich schon wieder nicht rasiert. Vielleicht wollte er sich ja auch einen Bart wachsen lassen, um härter rüberzukommen. Bei dem Gedanken musste Benny schmunzeln.

»Was ist denn so lustig?«

Benny schüttelte den Kopf. »Nix, nix, alles gut…«

»Also, kommst du dann, bitte?«

Am Küchentisch saß bereits Bennys Mutter und wischte auf ihrem Handy herum. Neben ihr lag eine Broschüre, ein Notizblock und ein Kugelschreiber. Da braute sich was zusammen, das war keine der üblichen Moralpredigten, die hier anstand. Seine Eltern schienen diesmal einen Plan zu haben. Sein Vater lächelte ihm aufmunternd zu, er durfte heute mal wieder den guten Cop spielen.

»Du hast neun Jahre lange die Schule besucht, sogar etwas länger«, begann seine Mutter die Situation zusammenzufassen. »Du hast keinen Abschluss, aber unter Umständen würde dir vielleicht ein Hauptschulabschluss zuerkannt, wenn du jetzt vom Gymnasium abgehst.«

Benny nickte, er hatte keine Ahnung, auf was das hier alles hinauslief.

»Deine Schulpflicht hast du damit erfüllt.«

»Ja, und?«

Seine Eltern wechselten einen schnellen Blick, den Benny nicht deuten konnte.

»Schau dir doch das mal an«, sagte sein Vater und schob ihm die Broschüre über den Tisch. Auf dem Cover war ein Klischeejugendlicher abgebildet, der einen grinsenden alten Mann im Park spazieren führte. *Jugendfreiwilligendienste – Drei Wege, Neues zu entdecken* war der Titel des Heftchens. Er brauchte einen Moment, um zu kapieren, was das bedeutete. Seine Eltern sagten nichts, sahen ihn nur freundlich interessiert an.

»Das könnt ihr vergessen«, entfuhr es Benny. Er schob seinem Vater die Broschüre zurück über den Tisch und verschränkte die Arme vor der Brust.

»Schau es dir doch wenigstens...«

»Nein!«, schrie Benny und der Schrei ließ alle am Tisch einfrieren. Sein bescheuerter Vater blätterte in dem Heftchen, als wolle er jetzt selbst als BUFDI anheuern, und seine Mutter massierte sich mit den Fingern die Schläfen, als habe sie spontan üble Kopfschmerzen bekommen.

»So geht das nicht weiter«, sagte sie schließlich, schloss die Augen und wiederholte erneut: »So geht das nicht weiter.«

Benny schob seinen Stuhl zurück und wollte aufstehen. Für ihn war das Gespräch, wenn man es denn überhaupt so nennen wollte, beendet. Die Hand seines Vaters, die sich um seinen Oberarm schloss, war eine Überraschung. Noch überraschender war, dass sich der Griff verstärkte, als er ihn abschütteln wollte.

»Du bleibst jetzt hier, bis wir eine Lösung gefunden haben«, stieß sein Vater gepresst hervor.

»Lass gefälligst los«, gab Benny zurück.

»Setz dich wieder hin.«

»Nein!« Benny versuchte, sich loszureißen, doch sein Vater verstärkte den Griff, wodurch es jetzt wirklich wehtat. So viel Kraft hatte er ihm gar nicht zugetraut. Erstaunt stellte er fest, dass der Atem seines Vaters nach Bier roch. Benny zog erneut, legte sein ganzes Gewicht in die Bewegung, und als der Gegenzug am stärksten war, ließ sein Vater ihn auf einmal los.

Benny verlor das Gleichgewicht, taumelte nach hinten, schlug mit dem Rücken gegen den Kühlschrank und fiel zu Boden. Er hörte seine Mutter schreien. Sein Vater war ganz still und starrte ihn an wie einen Fremden.

»Spinnst du?«, schrie seine Mutter. »Bist du jetzt völlig verrückt geworden?«

Benny wusste nicht, ob sie damit ihn oder seinen Vater meinte und es war ihm auch egal. Als er den ersten Schrecken überwunden hatte, stellte er fest, dass er sich bei dem Sturz nichts getan hatte, sprang auf und rannte durch den Flur nach draußen. Seine Mutter rief ihm noch etwas hinterher, aber es war ihm egal, alles war ihm egal.

Draußen wurde es schon langsam dunkel, die Sonne wärmte aber noch. Benny sprang auf sein Rad und fuhr einfach los. Nach einer halben Stunde mühte er sich den Dornberger-Hügel zum Bahnhof hinauf und blieb dort mit dem Rad zwischen den

Beinen und den Füßen auf dem Boden stehen. Wilde Fluchtge-
danken schossen ihm durch den Kopf: Er würde sich in einen
Zug setzen und abhauen, irgendwohin, er würde dann schon
sehen. Dann fiel ihm ein, dass er nicht einen Cent in der Tasche
hatte. Klar, er konnte schwarzfahren – und dann? Was würde er
tun in Frankfurt, Mannheim oder wohin es ihn sonst verschla-
gen würde? Er begann ja schon jetzt zu frieren in seinen Shorts
und dem dünnen Hemd.

Benny würde in keinen Zug steigen, aber nach Hause konnte
er auch noch nicht. Er massierte sich den Arm, an dem sein
Vater ihn gepackt hatte. Was war eigentlich in den gefahren,
dass er ihn derart hart anging? Das war doch gar nicht seine Art.
Auf einmal tat es ihm leid, er wusste nicht genau was, aber es tat
ihm leid, dass alles so beschissen lief zwischen ihm und seinen
Eltern. Eigentlich zwischen ihm und dem Rest der Welt.

Komischerweise beruhigten ihn diese Gedanken etwas, er
schob sein Rad hinter das alte Bahngebäude, wo sich der Aufzug
befand, mit dem man in die Unterführung gelangte. Von der
tunnelartigen Konstruktion gingen dann die Treppen zu den
Bahnsteigen ab, die wiederum mit Aufzügen ausgestattet waren.
Als der Bahnhof vor Jahren umgebaut worden war, hatte man
außerdem einen Durchstich zur anderen Seite des Bahndamms
hin vorgenommen und dort hinter der Ladenzeile des Helvetia
Parcs einen Pendlerparkplatz eingerichtet.

Benny nahm den Aufzug nach unten und schob sein Rad
durch die Unterführung, als auf der anderen Seite drei Typen
auftauchten. Offenbar wollten sie auf einen der Bahnsteige,
obwohl gerade gar kein Zug angekündigt war. Einer der Typen
hatte die Treppe schon fast erreicht, warf aber noch einen
schnellen Blick auf Benny, der seine Schritte immer mehr verlangsamte.

»Ach, schau mal einer an!« Die anderen beiden, die vorher auf ihre Handys geglotzt hatten, hoben jetzt auch die Köpfe und sahen in die Richtung, aus der Benny ihnen entgegenkam.

Marlon blieb breitbeinig in der Unterführung stehen, flankiert von Leon und Finn.

Benny sah sich um. Die einzige Chance, die er hatte, war, das Fahrrad zurückzulassen und in die entgegengesetzte Richtung zum Ausgang zu rennen. Wenn er einen der Aufgänge zu den Bahnsteigen nähme, käme er von dort nicht mehr weg, es sei denn, er setzte quer über die Gleise.

Während ihm das noch alles durch den Kopf schoss, hatte Finn ihn schon erreicht. Er rempelte ihn im Vorübergehen an und postierte sich dann ein Stück hinter ihm, sodass Benny der einzige noch verbliebene Fluchtweg abgeschnitten war.

Marlon und Leon kamen grinsend auf ihn zu. Eine Lautsprecheransage kündigte auf Gleis vier eine Zugdurchfahrt an. Bitte Vorsicht an der Bahnsteigkante. Benny schluckte und spürte, wie seine Beine sich in Gummi verwandelten.

»Schön, dass wir uns mal wiedersehen«, säuselte Marlon mit gespielter Freundlichkeit. »Wir haben schon gedacht, du gehst uns aus dem Weg, aber warum solltest du das denn nur tun?«

Benny zuckte die Achseln und wich Marlons Blick aus, der ihm jetzt genau gegenüberstand. Eine Weile grinste er ihn nur an, dann holte er ein Päckchen Zigaretten aus seiner schwarzen Cargo-Pants und zündete sich eine an.

»Komm, rauch eine mit!« Marlon hielt ihm die Packung hin. Er hatte eine der Zigaretten aus dem Block hervorgezogen, die jetzt weit hervorstand. »Komm schon, greif zu!«

Benny wusste, dass an dem Angebot etwas faul war, streckte aber trotzdem die Hand aus. Kurz bevor er die Zigarette zu fassen bekam, schnickte Marlon sie ihm entgegen, sodass sie Benny gegen die Brust prallte und auf den Boden fiel.

»Bist bisschen ungeschickt, was?«, kommentierte Marlon den Vorgang. Finn und Leon kicherten. »Na, macht ja nix, hebst sie halt auf.«

Benny zögerte. Er wusste, dass er in eine Falle tappte, wenn er sich jetzt nach der Zigarette bückte, die zwischen seinen Füßen lag.

»Ja, wird's bald! Heb die verdammte Kippe auf jetzt!«, schrie Marlon ihn an, die anderen beiden kicherten erneut.

»Marlon«, setzte Benny zu einer Erklärung an. »Das mit der Polizei, also das war scheiße, aber meine Mutter...«

»Die Mami hat ihn gezwungen, uns bei den Bullen anzuschwärzen, habt ihr das gehört?«

Finn grunzte und Leon murmelte etwas, das sich wie *Weichei* anhörte.

»Da haste aber Glück, dass wir nicht nachtragend sind. Jetzt heb die Kippe auf und alles ist wieder gut, Bennylein.«

Benny wusste, dass nichts gut war und dass auch nichts gut werden würde, dennoch ging er jetzt in die Knie, um die Zigarette aufzuheben. Er streckte gerade die Hand aus, als er einen derart heftigen Schlag gegen das Kinn bekam, dass er nach hinten geschleudert wurde und mit dem Hinterkopf gegen die gekachelte Wand schlug. Er biss sich auf die Unterlippe, die sofort zu bluten begann und anschwoll. Benny saß auf dem Boden und hielt sich den Handrücken vor den Mund.

Marlon hatte ihn mit dem Knie voll erwischt und beugte sich jetzt, die Hände auf die Oberschenkel gestützt, zu ihm herunter.

»Oha, das tut mir jetzt aber leid, tut's weh?«

Benny sagte nichts, er war zu sehr mit dem Dröhnen in seinem Kopf und dem Blut aus seinem Mund beschäftigt. Er sah auf und nahm auf einmal eine Bewegung hinter Marlon wahr, der gerade ansetzte, um etwas zu sagen, von der Person im Hintergrund aber unterbrochen wurde.

»Ihr seid wohl ganz harte Kerle, hm? So richtig böse Motherfucker, ja?«

Marlon drehte sich um und sah den Typ stirnrunzelnd an, der mit seinem vollbepackten Fahrrad vom Pendlerparkplatz kommend von allen unbemerkt die Unterführung betreten hatte und jetzt ein paar Meter vor ihnen stehengeblieben war. Der Mann trug eine alte ausgewaschene Jeansjacke und einen Strohhut, und kam Benny irgendwie bekannt vor.

»Hau bloß ab, du Penner, sonst fängst du dir auch eine!«

Der Mann lehnte sein Fahrrad an die Wand und hob die Arme, als wolle er sich Marlon ergeben. »Immer langsam, immer langsam, da bekommt man ja richtig Angst, wenn du einen so anschreist.«

»Verpiss dich einfach«, zischte Marlon, aber der Typ mit dem Hut dachte nicht daran, sondern machte im Gegenteil einen Schritt auf Marlon zu.

Benny blieb auf dem Boden sitzen und beobachtete das Schauspiel. Leon und Finn standen wie Wächter neben ihm, hatten aber auch nur noch Augen für den merkwürdigen Landstreicher. Der stand Marlon jetzt genau gegenüber und lächelte ihn an.

Was im nächsten Moment passierte, ging viel zu schnell, als dass Benny hätte sagen können, wie es geschehen war. Jedenfalls befand sich nach einer schnellen Bewegung Marlon im Würgegriff des Landstreichers und zappelte hilflos mit den Armen, hielt dann aber schlagartig ganz still, weil der Mann ihm mit der anderen Hand die Klinge eines Springmessers an den Hals setzte.

»Wenn ich dich jetzt hier ein bisschen ritze«, erklärte der Mann in freundlich belustigtem Ton, und fuhr mit der Messerspitze an Marlons Hals entlang. »Also, wenn ich dich hier so ein klein wenig pieke, dann passiert da nicht viel. Aber wenn ich dabei zittere und aus Versehen richtig zusteche, dann hört das gar nicht mehr auf zu bluten, das ist jedes Mal eine riesengroße Schweinerei...«

Marlon röchelte, die Augen waren weitaufgerissen, seine Unterlippe zitterte.

»Verschwindet!«, sagte der Mann an Leon und Finn gewandt, und als die beiden seiner Aufforderung nicht gleich nachkamen, fügte er hinzu: »Oder ich stech euren Kumpel hier ab!«

»Jetzt haut schon ab!«, jammerte Marlon, und die beiden nahmen Reißaus.

Benny betastete seinen Hinterkopf, an dem langsam eine Beule Gestalt annahm. Währenddessen flüsterte der Landstreicher Marlon etwas ins Ohr, der darauf heftig zu nicken begann. Das Messer verschwand so schnell, wie es aufgetaucht war, der Mann lockerte seinen Griff und im nächsten Moment war auch Marlon verschwunden.

»Alles in Ordnung bei dir?«

Benny erhob sich langsam, seine Knie waren immer noch wie aus Pudding. »Du bist doch der... du warst gestern bei uns vorm Haus.«

Der Landstreicher hob die Schultern. »Ist ein kleiner Ort hier, da läuft man sich ständig übern Weg...«

»Ja, das stimmt wohl. Danke jedenfalls. War ganz schön krass, so mit dem Messer, meine ich...«

»Die Typen kommen dir zumindest nicht mehr quer, die haben sich ja fast in die Hosen gemacht!«

Obwohl er dem Mann dankbar für sein Eingreifen war, war er ihm auch ein bisschen unheimlich. So wie der zugegriffen und mit dem Messer hantiert hatte, das machte man nicht mal eben so, der Mann schien da eine gewisse Übung zu haben.

»Was wollten die Spacken denn von dir?«

»Ist 'ne lange Geschichte ...«

»Hm. Und Lust, mir die zu erzählen, haste nicht, oder?«

»Interessiert dich das denn?« fragte Benny irritiert.

»Wenn du's loswerden willst, hör ich dir zu, aber nicht hier.«

Benny zögerte, vielleicht wollte der Typ ihm ja an die Wäsche.

»Wo ... wo willste denn hin?«

»Kann man hier irgendwo ein Bier trinken?«

»Drüben im Helvetia Parc, im *Lofthouse*?«

»Dann lass uns doch da mal hingehen.«

»Ich hab aber kein Geld.«

Der Landstreicher, der auf Benny gar nicht mehr wie ein Landstreicher wirkte, grinste: »Das hab ich mir schon gedacht, Kumpel.«

***

Maik wusste natürlich ganz genau, wo dieses *Lofthouse* war. Er hatte schließlich den halben Nachmittag dort verbracht, nachdem er die Observation der Familie Danzer frustriert und vor allem ergebnislos abgebrochen hatte.

Dass er die Unterführung genommen und dabei den Sohn der Danzers getroffen hatte, war reiner Zufall gewesen. Er hatte ihn sofort erkannt und in diesem Moment die Chance aufblitzen sehen, näher an die Danzers heranzukommen, wenn er den Kleinen da raushaute, was natürlich nicht ganz ungefährlich gewesen war. Wenn einer der drei Spacken zur Polizei rannte und ihn anzeigte, konnte das äußerst unangenehme Folgen für ihn haben, aber eine andere Möglichkeit, der verdammten Tasche auf die Spur zu kommen, hatte er einfach nicht.

Als sie jetzt zusammen an einem Tisch über ihren Halbliter-Biergläsern saßen, das Klacken der Billardkugeln und das ständige Gebrabbel einer Sportübertragung im Hintergrund, entspannte sich der Junge zusehends. Er war kurz auf dem Klo verschwunden, um sich das Blut aus dem Gesicht zu waschen, hatte nach seiner Rückkehr an den Tisch einen großen Schluck Bier getrunken und dann zu erzählen angefangen. Und nicht mehr damit aufgehört.

Maik war alles andere als ein Sozialarbeiter, aber das musste man gar nicht sein, um mitzukriegen, dass der Junge mit seinen Problemen ziemlich allein dastand. Maik ließ ihn einfach reden, nickte ab und zu oder brummte zustimmend.

Nach einer knappen Stunde wusste er von Bennys Schulabbruch, seiner Leidenschaft fürs Urbexing und dass seine Eltern in einer Dauerkrise steckten, aber nach außen hin so taten, als sei alles in Ordnung – was Maik nach den Eskapaden der Mutter nicht wirklich wunderte. Über seinen Vater redete Benny leider nicht sehr viel, nur, dass er nicht auf ihn zählen könne.

»Noch eins?«, fragte Maik, als sie ihre Gläser geleert hatten und Benny schon langsam einen glasigen Blick bekam. Der Junge war sichtlich erschöpft, wollte aber noch nicht gehen.

»Ein kleines, vielleicht...«

Maik bestellte und nickte ihm aufmunternd zu. »Das wird schon wieder, wirste sehen.«

»Weiß nicht, keine Ahnung...«

Eine Weile sagte keiner der beiden etwas, dann wurden die Biere serviert und Maik wagte den entscheidenden Vorstoß.

»Sag mal, kann ich vielleicht heute bei euch übernachten? Ich meine natürlich in der Garage oder so... ich bin gerade ein bisschen knapp bei Kasse und kann mir das Hotel nicht noch eine Nacht leisten ...«

Benny trank einen Schluck Bier und schien zu überlegen. »Ja, also, ich weiß nicht ...«

»Schon gut, du hast ja vollkommen Recht.« Maik lenkte sofort ein, hob die Hände und schüttelte demonstrativ den Kopf. »Du kennst mich nicht, ich ziehe hier so übers Land, ich könnte irgendein Kleinkrimineller sein, der euch ausrauben will oder so ...«

»Quatsch!« Jetzt schüttelte Benny den Kopf.

»Doch, doch, vergiss es, ich will auch nicht, dass du noch mehr Ärger mit deinen Alten kriegst.«

»Ach, die ...«

»Sind deine Eltern, die meinen das nicht böse oder so, musste auch irgendwie verstehen, weißte?«, entgegnete Maik, und fragte sich gleichzeitig, was er hier nur für einen Müll laberte, aber der Danzer-Junge schien das ganz anders zu sehen.

»Die Gartenhütte, du kannst heute Nacht in der Hütte pennen, da schaut eh keiner nach. Ich lass dich rein, du musst nur aufpassen, dass dich niemand sieht, wenn du über den Rasen gehst.«

Das ging ja einfacher als gedacht. »Das wäre super, aber ich will dich wirklich nicht in Schwierigkeiten bringen, okay?«

Benny trank mit einem großen Schluck sein Bier aus, wischte sich mit dem Handrücken über den Mund und sagte: »Du hast mir geholfen, jetzt helfe ich dir, ist doch nur fair.«

***

Der Streit mit seinen Eltern, die Schlägerei in der Unterführung und dann dieser Typ, der aus dem Nichts aufgetaucht war

und ihm geholfen, der mit ihm Bier getrunken und ihm zuge-
hört hatte – der, wenn es darauf ankam, Probleme löste, anstatt
endlos darüber zu reden, und der auf seiner Seite stand, sich für
ihn einsetzte.

Das purzelte alles in seinem Kopf wild durcheinander und
zusammen mit dem Bier verursachte es eine warme Taubheit
und Leichtigkeit des Denkens. Benny war fest davon überzeugt, das Richtige zu tun, er würde Maik in den Garten
schmuggeln, damit er in der Hütte pennen konnte. Nichts
leichter als das.

Mit dem Ringschloss aus der Garage der Danzers konnte
Maik sein Rad an einem der Fahrradständer am Dornberger
Schloss festmachen. Danach lotste Benny ihn durch den schma-
len Gang, der sich zwischen Haus und Garage befand, in den
Garten. Die Hütte befand sich am anderen Ende des Grund-
stücks am Zaun, hinter dem der Landgraben floss.

»Warte hier, bis ich drin bin, dann rennen meine Eltern eh
in den Flur, um mich in Empfang zu nehmen. Du kannst dann
gemütlich über den Rasen an der Terrasse vorbeigehen, ohne
dass dich einer sieht. Die Hüttentür ist auf.«

Benny sah den mit seinem Rucksack und der zusammengerollten Isomatte im Halbdunkel an der Mauerecke stehenden
Maik an und der nickte ihm dankbar zu.

Als Benny das Haus betrat, ging das Licht im Flur an und
sein Vater stand mit verschränkten Armen in der Küchentür.
Er trug Jeans und ein ausgeleiertes altes Poloshirt, in der Hand
hielt er eine noch ungeöffnete Dose Bier.

»Wo kommst du jetzt her?«

»Bin nur bisschen rumgefahren, so spät ist es schließlich auch
noch nicht. Wo ist Mama?«

»Die fährt in der Gegend rum und sucht dich.«

Stimmt, dachte Benny, der BMW hatte vorhin weder vorm Haus noch in der Garage gestanden. Sein Vater stellte die Bierdose ab, holte sein Handy hervor und tippte eine Nachricht.

»Tut mir leid«, murmelte Benny, der Alkohol dämpfte seine Angriffslust, er wollte einfach nur ins Bett.

»Mir tut es auch leid, Benny.«

»Ich geh dann mal hoch, wenn du nix dagegen hast.« Er sah seinen Vater an, der im Türrahmen lehnend das Handy wieder einsteckte und die Bierdose von der Anrichte nahm.

Einen Moment lang sah es ganz so aus, als würde er jetzt doch noch zu einer längeren Standpauke ansetzen, aber dann nickte er bloß und sagte: »Schlaf gut...«

***

Thomas riss den Verschluss der Dose auf und nahm einen großen Schluck, es war schon das fünfte oder sechste Bier, das er heute in sich reinschüttete, und auch der Grund dafür, dass Petra auf die Suche nach Benny gegangen war, er hatte einfach schon zu viel Alkohol im Blut, um Auto zu fahren.

Er dachte an den Blick, den Petra ihm zugeworfen hatte, als sie aufgebrochen war. Er dachte an Benny, wie er hilflos mit den Armen gerudert hatte, als er ihn heute Nachmittag gegen den Kühlschrank gestoßen hatte. Was er ja nicht getan hatte, ihn gestoßen. Er hatte lediglich... ach, Scheiße.

»Scheiße!«, brüllte Thomas auf dem Weg ins Wohnzimmer. Er stand vor der offenen Terrassentür und brüllte seinen Frust diesmal in den Garten hinaus: »Eine riesengroße Scheiße!«

In der Stille nach dem Schrei hörte er die Grillen zirpen. Irgendwo in der Nachbarschaft lachte jemand.

»Was brüllst du denn hier so rum?«

Thomas fuhr vor Schreck zusammen. Petra stand im spärlich beleuchteten Wohnzimmer hinter ihm, die Autoschlüssel noch in der Hand, und grinste. »Jetzt sind wir quitt.«

Thomas wollte etwas erwidern, da klingelte sein Handy. Auf dem Display erschien Steffens Nummer. Er trat auf die Terrasse hinaus und schloss sicherheitshalber die Schiebetür, damit Petra nicht mithören konnte. Er ging ein paar Schritte in den Garten, dann erst nahm er das Gespräch an.

DIENSTAG, 11. JUNI 2019

Gehst du heute nicht arbeiten?«

Thomas wusste erst gar nicht, was Petra damit meinte, dann fiel ihm ein, dass Dienstagmorgen war und er natürlich schon längst auf dem Weg zur Bank hätte sein müssen.

»Resturlaub«, antwortete er knapp, und schenkte sich Kaffee ein.

Petra saß in ihrem Oversize-Shirt, das sie zum Schlafen trug, am Küchentisch und sah ihn beleidigt an.

»Sprechen wir das jetzt auch nicht mehr miteinander ab?«

Thomas trank einen Schluck und verzog das Gesicht, der Kaffee hatte schon zu lange auf der Warmhalteplatte gestanden.

»Mein Gott, Petra, wegen der lausigen vier Tage?«

»Naja, wenn ich es gewusst hätte, dann ...«

»Ja? Was dann? Was wäre dann gewesen?«

Petra antwortete nicht, sondern zuckte nur mit den Achseln und blätterte in der Zeitung.

Thomas verkniff sich eine Bemerkung. In einer guten halben Stunde würden sie sich bei Steffen mit diesem Jaruzelski treffen, da hatte er keine Lust, vorher noch nervenaufreibende Diskussionen mit Petra zu führen.

»Ich habe gleich einen geschäftlichen Termin, muss ein paar Erledigungen machen.«

Petra nickte, ohne von der Zeitung aufzuschauen.

»Und bei dir?«, fügte er einem plötzlichen Impuls folgend versöhnlich hinzu.

»Ich drehe meine Runde in der Fasanerie und mache mich dann oben an die Steuererklärung von Doris.«

»Okay«, sagte Thomas, »okay, das ist gut.«

Petra drehte sich um und sah ihn erstaunt an. »Sag mal, ist alles in Ordnung?«

»Klar, alles in Ordnung, alles gut.« Er lächelte und sah dann auf das Display seines Handys. »Ich muss los.«

Im Auto atmete er ein paar Mal mit geschlossenen Augen tief ein und wieder aus. Am liebsten hätte er Petra alles erzählt. Die Kündigung. Die Drogen. Das Geld, das er sich erhoffte, um alles wieder geradezubiegen. Er war für so etwas einfach nicht gemacht, da hatte Steffen schon Recht. Also sollte er es am besten so schnell wie möglich über die Bühne bringen.

Sein Freund öffnete die Tür, bevor er klingeln konnte. Steffen hatte seine Ankunft offenbar durch das Küchenfenster beobachtet. Im Partykeller stand die Tasche noch genauso auf dem Tisch, wie er sie am Samstag abgestellt hatte.

»Hast du die etwa einfach so hier rumstehen lassen?«

Steffen warf ihm einen irritierten Blick zu. »Quatsch, meinst du, ich bin bescheuert?«

Thomas setzte sich und schüttelte den Kopf. »Mir geht's nicht gut.«

»Das wird schon, Udo kommt gleich, dann wissen wir mehr.«

Tatsächlich klingelte es fast zeitgleich oben an der Tür, als befänden sie sich in einem Schmierentheaterstück, wo jeder aufs Stichwort seinen Text aufsagte.

Steffen ging nach oben und kehrte kurz darauf mit einem hageren Kerl zurück, der die braune Uniform eines Paketzustelldienstes trug.

»Das ist Udo, du erinnerst dich?«

»Ja, klar«, log Thomas. Wenn er dem ausgezehrten Typ auf der Straße begegnet wäre, hätte er ihn nicht erkannt.

Udo Jaruzelski nickte und sah sich interessiert in dem Keller um, er war offenbar zum ersten Mal hier unten und von Steffens Unterhaltungselektronik ziemlich beeindruckt. »Schöne Sache, so ein ausgebauter Keller.«

Steffen machte sich schon wieder an der Bar zu schaffen. »Was trinken?«

»Ich muss noch Pakete fahren«, sagte Jaruzelski nur, und Thomas winkte ab.

Einen Moment lang schien Steffen zu überlegen, ob er sich selbst trotzdem einen genehmigen sollte, ließ es dann aber sein. Stattdessen erläuterte er die Situation. Thomas sei in den Besitz einer Tasche gekommen, in der sich etwas befand, von dem sie nicht wussten, was es war und welchen Wert es hatte. Es sei aber ...

»Drogen, Waffen oder Kinderpornos?«, unterbrach Udo die Ausführungen Steffens, der zu perplex war, um darauf zu antworten.

»Drogen. Nehmen wir zumindest an«, übernahm Thomas für seinen Freund, dessen plötzliche Sprachlosigkeit ihn trotz der ernsten Lage ein bisschen belustigte. Dem eloquenten Investmentbanker stand der Mund offen.

Udo sah beide nacheinander prüfend an, dann zog er ein Paar durchsichtige Gummihandschuhe aus seiner Hosentasche, zog sie über seine Hände und öffnete die Tasche. Er holte einen der durchsichtigen Beutel hervor, öffnete ihn vorsichtig und kostete von dem weißen Pulver. Udo Jaruzelski schien nachzudenken, dann spuckte er die Körnchen wieder aus und packte alles zurück in die Tasche.

»Und?« Steffen hatte seine Sprache wiedergefunden.

Jaruzelski ignorierte ihn und wandte sich direkt an Thomas. »Wo hast du das her?«

»Ein Zufall, ich hab's gefunden, in Frankfurt.«

»Geht's auch ein bisschen genauer?«

Der Unterton in Udos Stimme gefiel Thomas nicht. Der Typ wirkte so, als müsse er sich beherrschen, ihm nicht eine zu verpassen.

Thomas erzählte ihm die Geschichte, und als er damit fertig war, sah Udo Jaruzelski ihn an, als habe er es mit einem kompletten Idioten zu tun.

»Das da«, er deutete auf die Tasche, »das da ist Koks im Wert von mindestens einer Viertelmillion Euro…«

Steffen entfuhr ein freudig überraschtes Stöhnen. »Eine Viertelmillion? Bist du dir da…«

»Vielleicht auch etwas mehr, aber wer immer die Tasche da verloren hat, wird sie suchen und keine Ruhe geben, bis er sie zurückhat. Und wer auch immer Koks in dieser Größenordnung unter die Leute bringt, der lässt sich nicht so einfach von zwei Möchtegerndealern wie euch beklauen, habt ihr daran schon mal gedacht?«

»Wir dachten, du kannst uns vielleicht einen Tipp geben…«, versuchte Steffen die Lage zu entspannen.

»Ja, das kann ich tatsächlich.«

Thomas rutschte ein Stück in seinem Sessel nach vorn, er spürte sein Herz schlagen, sein Mund war von einer Sekunde auf die andere vollkommen trocken.

Jaruzelski zog sich die Latex-Handschuhe wieder aus und stopfte sie zurück in seine Hosentasche. »Mein Tipp ist folgender: Bringt das Zeug zu den Bullen und betet, dass euch noch keiner auf die Spur gekommen ist.«

Thomas schloss die Augen und ließ sich in den Sessel zurückfallen. Die Sache entwickelte sich zu einem einzigen Albtraum. Er hörte, wie Steffen versuchte, seinen alten

Kumpel zu bequatschen, aber der schüttelte energisch den Kopf.

»Ich geh jetzt«, sagte Udo, sah sich noch mal im Keller um und wandte sich dann abschließend an Steffen: »Ach, übrigens: ich war nie hier, ich habe das alles nicht gesehen, ich weiß von nichts, von gar nichts, ist das klar?«

»Ist klar«, antwortete Steffen, »vollkommen klar, trotzdem vielen Dank.«

Udo nickte, dann ging er.

Thomas hörte ihn draußen die Treppe hochgehen und wenig später oben die Haustür ins Schloss fallen.

»Was machen wir denn jetzt?«

»Auf jeden Fall gehen wir nicht zu den Bullen«, entgegnete Steffen sofort. »Mir fällt schon was ein, lass das Zeug einfach hier.«

Thomas sagte nichts, sondern starrte nur vor sich auf den Boden. Als Steffen mit zwei gut gefüllten Whiskygläsern zur Sitzecke rüberkam, nickte er dankbar und nahm einen der Drinks entgegen. Es war noch nicht mal halb zehn.

***

Maik hatte furchtbare Rückenschmerzen, der Boden der Gartenhütte war mit Steinplatten gepflastert und die Isomatte viel zu dünn, um den harten Untergrund wirklich abzupolstern. Geschlafen hatte er auch kaum. Wenn er so weiter machte, war sein Rücken in ein paar Jahren total im Arsch, aber vorläufig waren solche Fragen alle scheißegal, denn jetzt wusste er endlich, dass er den richtigen Riecher gehabt hatte und auf der richtigen Spur war.

Kaum, dass er sich gestern Abend in der Hütte verschanzt hatte, hörte er den Banker auf der Terrasse rumschreien. Danach war es eine Weile still gewesen und Maik hatte schon geglaubt, Bennys Vater wäre wieder ins Haus gegangen, aber dann hörte er eine zweite Stimme, die Terrassentür stand also noch offen. Ein Handy klingelte und der alte Danzer kam damit die Terrasse herunter in den Garten, nahm das Gespräch an und Maik konnte alles mithören. Den Rest der Nacht hatte er sich einen Plan ausgedacht.

Maik rollte Matte und Schlafsack zusammen, schlüpfte in seine Jeans, zog die Schuhe an und streckte sich. Wenn er die Arme über den Kopf hob, konnte er mühelos das Dach der Hütte berühren. Neben seiner provisorischen Schlafstätte standen ein alter Rasenmäher und ein paar Säcke mit Torf und Rindenmulch, in der Ecke lehnten langstielige Rechen und Spaten, der schwere Geruch nach Gras und Erde erfüllte die kleine Hütte. Maik lauschte dem aufgeregten Zwitschern der Vögel, durch die Ritzen zwischen den Brettern fiel die Morgensonne. Ein Geräusch ließ ihn aufhorchen: die Terrassentür wurde geöffnet, jemand kam hinunter in den Garten, die Schritte näherten sich der Hütte.

Maik presste sich mit dem Rücken an die Bretterwand neben der Tür und hielt die Luft an, die Schritte waren jetzt ganz nah. Draußen stand jemand direkt vor der Tür. Einen Moment war alles still, dann klopfte es an der Tür.

»Maik? Keine Panik, ich bin's nur.«

Maiks Anspannung fiel in sich zusammen, das war Benny.

»Ich komm jetzt rein, okay?«

Die Tür wurde geöffnet und Benny stand in Jogginghosen und T-Shirt auf der Schwelle, in einer Hand hielt er eine dampfende Tasse, aus der es herrlich nach frisch gebrühtem Kaffee roch.

»Ich dachte, du kannst den hier vielleicht vertragen. Willst du Milch und Zucker?«

Maik nahm die Tasse entgegen. »Danke, schwarz ist vollkommen okay.« Er nahm einen Schluck und nickte dem Jungen zu, dann warf er einen schnellen Blick nach draußen.

»Meine Eltern sind weg, keine Angst, wir sind allein.«

Maik trat mit der Tasse in der Hand vor die Hütte, ging ein paar Schritte durchs Gras und sah sich um. Der halbherzig gepflegte Rasen war von ein paar Blumenbeeten und Büschen umgeben, eine in die aufgeschüttete Erhöhung eingepasste Steintreppe führte auf die Terrasse, auf der zwei Liegestühle standen.

»Wo sind denn deine Eltern?«, fragte er und dehnte dabei seinen Rücken.

»Mein Vater ist arbeiten und meine Mutter dreht ihre Joggingrunde.«

Maik nickte, konnte sich bei dem Gedanken an Petra Danzers Joggingrunde aber ein Grinsen nicht verkneifen.

»Was ist denn daran so lustig?«, fragte Benny irritiert.

»Ach nichts, mir ist nur gerade was eingefallen.«

»Okay?«

»Naja, wegen der Geschichte mit diesem … diesem Urbex-Zeug da, das du machst.«

»Urbexing«, lachte Benny. »Was ist damit?«

»Was würdest du sagen, wenn ich von einem Ort wüsste, der für Leute wie dich so etwas wie ein Sechser im Lotto sein müsste?«

»Dann würde ich sagen: Zeig ihn mir!«

Maik drehte sich zu dem Jungen um und sah das Leuchten in seinen Augen. Er wollte ihn gerade bitten, seine leere Tasse erneut mal aufzufüllen, als jemand auf die Terrasse trat und rief: »Wer sind Sie und was machen Sie hier?«

***

Petra Danzer traute ihren Augen nicht. Da stand ein fremder Mann auf dem Rasen hinterm Haus und trank aus einer ihrer besten Kaffeetassen. Er trug ausgewaschene Jeans, ein zerknittertes kariertes Hemd und einen Strohhut auf dem Kopf. Benny schien den Mann zu kennen, aber das machte die Situation nicht weniger verwirrend. Offenbar war der Typ gerade aus der Gartenhütte gekommen, deren Tür sperrangelweit offenstand, ein Rucksack und eine Isomatte lagen auf der Schwelle.

Der Mann sagte nichts.

Benny sah sie erschrocken an: »Mama, du bist doch gerade erst losgelaufen…«

»Ich habe meinen Schrittzähler vergessen und da…« Petra schüttelte den Kopf. »Egal jetzt, was ist hier los?«

Der Typ gab Benny die Tasse und kam lächelnd ein paar Schritte auf die Terrasse zu. Er war nicht besonders groß und wirkte auch nicht unbedingt gefährlich, aber irgendetwas an ihm bewirkte, dass bei ihr sämtliche Alarmglocken zu läuten begannen. Der Mann musterte sie genüsslich, sein Lächeln gefror zu einem unverschämten Grinsen.

»Bleiben Sie, wo sie sind!«

Der Mann blieb sofort stehen, er grinste immer noch. Er hob die Arme, als wolle er fragen: Und jetzt?

»Lass ihn in Ruhe, das ist Maik, der ist in Ordnung!«, rief Benny.

»Maik?« Petra war fassungslos. »Und was macht Maik in unserem Garten? Hat der etwa in der Hütte…«

Maik ließ die Arme sinken und starrte sie an. Er kam ihr vor, wie ein Raubtier kurz vor dem Sprung.

»Verschwinden Sie gefälligst von unserem Grundstück, oder ich rufe die Polizei!«

»Okay, okay«, erwiderte der Mann freundlich. »Es ist ja noch gar nichts passiert.«

Petra war irritiert. Was sollte das heißen: Es ist ja *noch* gar nichts passiert? Sie fühlte, wie Angst in ihr hochkroch.

»Gehen Sie!«

Der Mann drehte sich zu Benny um und sagte etwas zu ihm, das Petra nicht verstand. Ihr Sohn nickte und sah dem Mann nach, der mit geschultertem Rucksack den Garten verließ.

Als der Typ endlich verschwunden war, wandte sie sich an ihren Sohn, der irgendwie furchtbar verloren wirkte, wie er da mit der leeren Kaffeetasse in der Hand auf dem Rasen stand. Was war nur mit ihnen los? Mit ihnen allen? Mit Thomas, der seit Wochen wie ferngesteuert herumlief, und mit Benny, der jetzt offenbar irgendwelche Penner als Freunde hatte. Und natürlich auch mit ihr…

»Bist du verrückt, was schleppst du uns denn für Typen an?«, fragte Petra und versuchte dabei, nicht hysterisch zu klingen. »Wer um Himmelswillen war das denn?«

Ihr Sohn schwieg und drehte die Tasse in seinen Händen.

»Benny, ich rede mit dir!«

In diesem Moment schien er sich einen Ruck zu geben. Benny kam auf die Terrasse und hielt ihr die Tasse entgegen, die Petra automatisch entgegennahm. Während sie noch nach Worten suchte, hatte er sich schon an ihr vorbei ins Haus gedrängt.

Wenig später kam er in Jeans und Hoodie mit einem Rucksack über der Schulter die Treppe wieder heruntergepoltert.

»Was hast du jetzt vor?«, fragte Petra, die Arme in die Hüfte gestemmt, bekam aber keine Antwort. »Hey, ich rede mit dir!«

Benny ignorierte sie, drehte sich noch nicht einmal um. Die Haustür fiel ins Schloss und Petra stand allein im Flur.

***

Benny sprang auf sein Rad. Wie hilflos sie wurden, wenn man sie einfach nur anschwieg, sich ihren ewigen Vorhaltungen verweigerte. Einfach nicht mehr darauf einging. Sie hatten geredet. Sie hatten sich angeschrien. Wieder und wieder, und doch blieb immer alles beim Alten. Es änderte sich nichts. Es war wie ein Spiel, das immer unentschieden endete und deshalb jedes Mal in die Verlängerung ging. Aber bei diesem Spiel würde er ab sofort nicht mehr mitmachen.

Maik wartete bei den Fahrradständern am Dornberger Schloss und rauchte.

»Na, alles klar?«

»Nix ist klar, ist aber auch egal.« Benny stellte die Füße auf den Boden, beugte sich vor und legte die Unterarme auf den Lenker. »Wohin fahren wir?«

»Frankfurt.«

»Okay?«

»Wird dir gefallen, garantiert.« Maik schnippte den Zigarettenstummel auf den Gehweg.

Sie nahmen die S-Bahn nach Frankfurt. Immer wieder fragte Benny aufgeregt, wohin sie denn unterwegs seien, aber Maik lächelte nur vielversprechend.

Eine knappe Stunde später schoben sie ihre Räder durch den Hauptbahnhof. Benny war noch nicht oft in Frankfurt gewesen. Ein Zoobesuch mit seinen Eltern fiel ihm ein, damals musste er sieben oder acht Jahre alt gewesen sein. Die Erinnerung war ihm unangenehm und er zwang sich, nicht mehr daran zu denken.

»Hunger?«, fragte Maik und Benny zuckte mit den Achseln. Er war viel zu neugierig auf den geheimnisvollen Lost Place, als dass er jetzt ans Essen denken konnte, obwohl es schon bald Mittagszeit war und er nicht gefrühstückt hatte.

»Ich muss noch was erledigen, warte mal vorne beim McDonalds auf mich und behalte die Räder im Auge.«

Benny nickte und machte sich mit den beiden Fahrrädern auf den Weg durch die Bahnhofshalle. Vor dem Schnellrestaurant schloss er sie zusammen und kaufte sich einen Cheeseburger. Als er wieder nach draußen kam, war Maik schon da. Er wollte ihm immer noch nicht verraten, wohin sie unterwegs waren. Sie radelten in Richtung Festhalle und Messe, zumindest stand das so auf den Schildern, an denen sie vorbeikamen.

Radfahren war hier kein Spaß, die Autofahrer nahmen kaum Rücksicht. Einmal schoss ein Sportwagen so dicht an ihm vorbei, dass er fast gestürzt wäre. Irgendwann stiegen sie ab und schoben die Räder einen breiten Bürgersteig entlang.

»Ist nicht mehr weit«, sagte Maik.

»Okay«, entgegnete Benny, der sich allerdings beim besten Willen nicht vorstellen konnte, wo sich hier an einer Hauptverkehrsader und umgeben von modernen Hochhäusern ein Lost Place befinden sollte.

Sie liefen schon eine Zeit lang an einer schmutzigen Hausfassade entlang, als Maik abrupt stehenblieb und auf den verrammelten Eingang des Gebäudes wies.

»Weißt du, was das ist?«

Benny stutzte. Über den drei bogenförmigen Eingängen, die alle mit Barrieren verrammelt waren, befand sich ein langer Balkon. Erst jetzt fiel ihm auf, dass das Gebäude vor ihm sich fast über die gesamte Länge des Straßenzugs erstreckte. Die Rollläden im unteren Bereich waren alle heruntergelassen, die Fassade an vielen Stellen wie von Ruß geschwärzt und mit Graffitis beschmiert. Über dem verzierten Gitter des mittleren Eingangsportals waren die Worte POLIZEI-PRAESIDIUM in den schwarzen Metallrahmen gestanzt.

Ungläubig schüttelte Benny den Kopf: »Das alte Polizeipräsidium? Das ist jetzt nicht dein Ernst, oder? Davon gibt es jede Menge Aufnahmen im Netz, aber der gesamte Komplex ist doch schon lange dicht und wird überwacht, da kommt niemand mehr rein...«

Maik lächelte schelmisch und machte eine vage Geste, die wohl heißen sollte, dass er das ruhig ihm überlassen sollte.

Benny trat ein paar Schritte auf dem Bürgersteig zurück, bis er schon fast auf der Straße stand, legte den Kopf in den Nacken und sah an dem imposanten Gebäude empor. Mit etwas Anstrengung konnte er auf diese Weise sogar den Turm mit der gläsernen Kuppel aus dem Dach aufragen sehen.

»Du kommst da nicht rein, das gibt's doch gar nicht...«, murmelte er, aber er tat es bereits mit einem fragenden Unterton.

Maik antwortete nicht, sondern führte ihn in Richtung der Matthäuskirche, sie schoben die Fahrräder um die Ecke an einer Schule vorbei und schlossen sie ein Stück die Straße hinunter zusammen an einem Zaun fest.

Maik kannte tatsächlich ein Schlupfloch, durch das sie in den Außenbereich des Präsidiums kamen. Als sie auf den Innenhof mit der alten Tankstellenüberdachung kamen, holte Benny seine Kamera aus dem Rucksack und machte ein paar Aufnahmen. Er ging ein paar Schritte über den Hof, drehte sich zu Maik um und sagte: »Das ist der Wahnsinn.«

»Wart mal ab, bis wir drinnen sind. Keine Angst, ist zwar nicht legal, aber wir machen ja nichts kaputt.«

Sie verbrachten die kommenden Stunden im Inneren des Präsidiums. Für Benny verging die Zeit wie im Flug. Am Anfang fotografierte er noch jedes Zimmer, jeden Aufgang, jedes Treppenhaus, dann wurde er selektiver, suchte nach ungewöhnlichen Perspektiven, Lichteinfällen, Details.

Auf der Erkundungstour durch die einzelnen Zimmer des alten Gebäudeteils entdeckte er ein Rohrpostsystem, das verschiedene Zimmer über drei Etagen miteinander verband. Er fand umgestürzte Tresore und Stechkästen, aus denen Kabel hingen. Im Büro des Polizeipräsidenten hing noch eine Übersichtskarte von Frankfurt aus den 90er Jahren.

»Lass dir Zeit«, sagte Maik irgendwann. »Wir müssen uns nicht beeilen.«

Benny wäre zu gern auch auf den Turm, aber Maik schüttelte den Kopf. Die Gefahr, dass sie jemand da oben rumstehen sah und die Polizei informierte, sei zu groß. Benny war viel zu dankbar, überhaupt hier zu sein, um sich darüber zu ärgern.

Als sich am späten Nachmittag dann doch erste Erschöpfungsanzeichen bei Benny bemerkbar machten, setzten sie sich auf die geschwungene Treppe im Eingangsbereich, tranken Wasser und rauchten.

»Kann ich dich mal für einen Augenblick alleine lassen?«, fragte Maik.

»Klar doch, klar doch«, antwortete Benny und streckte zufrieden die Beine aus. »Das glaubt mir kein Mensch«, fügte er schwärmerisch hinzu, fast so, als müsse er sich selbst davon überzeugen, dass das alles wirklich passierte.

»Bin gleich zurück«, sagte Maik noch, dann verschwand er in einem der vielen Seitengänge.

***

Udo Jaruzelski fuhr rechts ran. Die Sache mit den beiden Möchtegerndealern ging ihm nicht aus dem Kopf. Koks für eine Viertelmillion Euro. Eine verdammte Viertelmillion. Und die beiden Amateure hatten keine Ahnung, auf was sie sich da einließen.

Ein weißes Cabrio schoss neben ihm auf der Bundesstraße vorbei, der Fahrer trug eine Sonnenbrille, aus den Boxen dröhnte ein Hit aus den 80er Jahren – Udo kannte den Song, der Musikfetzen, den der Fahrtwind zu ihm herübergetragen hatte, reichte aber nicht aus, um den Titel zu identifizieren.

Wie war das noch? Udo summte vor sich hin, schlug den Rhythmus mit der flachen Hand aufs Lenkrad. Er kam nicht drauf.

Die Ladefläche hinter ihm war noch nicht mal zur Hälfte leer. Er war einfach zu langsam, und was er heute nicht schaffte, musste er morgen auf jeden Fall loswerden, notfalls, indem er unbezahlte Überstunden machte. Sein Lohn reichte gerade mal so, um über die Runden zu kommen und seine Schulden abzustottern. Am grausamsten aber war die Aussicht, dass sich daran auch in den nächsten Jahren nichts ändern würde.

Udo startete den Wagen und fuhr wieder auf die Bundesstraße in Richtung Mörfelden-Walldorf. Die Adressen, die er dort anfahren musste, lagen alle im Industriegebiet zwischen der A5 und der B44. Der Songfetzen, den er immer noch nicht zuordnen konnte, schien einen Moment zum Greifen nahe, dann war er wieder weg. Eine Viertelmillion, dachte Udo, das war eine heiße Kiste, zu heiß, was ihn betraf. Dennoch kam ihm ein Kontakt von früher in den Sinn. Ein Kontakt, der keine Frage stellen würde – immer vorausgesetzt, dass er noch aktiv war. In dieser Branche wechselten die Akteure mitunter sehr schnell oder mussten unfreiwillig längere Auszeiten nehmen.

Udo beschleunigte den Lieferwagen etwas, um noch über den Bahnübergang zu kommen, auf der Ladefläche rumpelte es, zwei Pakete kamen ins Rutschen und stürzten in den schmalen Mittelgang. Udo fluchte, er konnte nur hoffen, dass nichts Zerbrechliches in den Kartons war, die er offenbar nicht gut genug gesichert hatte.

Er passierte die Ampel am Ortsausgang, bog ins Gewerbegebiet ab und fand die erste Lieferadresse sofort. Ein mehrstöckiger Bürokomplex aus Glas und Metall. Das Paket, das er liefern sollte, war eines der beiden Päckchen, die beim Überqueren des Bahnübergangs vom Stapel gefallen waren. Als er den mittelgroßen Karton von der Ladefläche schob, hörte er ein klirrendes Geräusch. Die Lieferung war so schwer, dass er sie auf den ausgetreckten Armen tragen, und gegen seinen Oberkörper pressen musste. Trotz der Schwere des Pakets, hörte er immer wieder das unheilverkündende Klirren, als sei irgendetwas in dem Karton zerbrochen.

Scheiße, dachte Udo, als er mit nach hinten gebeugtem Rücken vor der Klingelanlage der Firma stand. Es gelang ihm gerade so, einen Finger abzuspreizen und den entsprechenden Knopf zu drücken.

Nichts geschah.

Udo klingelte erneut, länger diesmal. Er spürte, wie ihm der Schweiß die Wirbelsäule hinunterlief, die Sonne stand hoch über dem schattenlosen Eingangsbereich und spiegelte sich in der verglasten Fassade. Er wollte schon aufgeben, als sich eine spröde weibliche Stimme in der Gegensprechanlage meldete: »Ja, bitte?«

»Der Paketdienst«, keuchte Udo.

Einen Moment lang sagte die Frau nichts und dann: »In Zukunft aber bitte nur einmal klingeln, ja?«

Mach endlich auf, du blöde Fotze, dachte Udo.

»Bis ganz nach oben, vierter Stock. Aufzug ist kaputt.«

Auch das noch. Udo drückte mit der Schulter die Tür auf, als der Summer ertönte.

Die klimatisierte Kühle in dem grau gefliesten Vorraum war im ersten Moment angenehm, dann aber überlief ihn ein Frösteln, als der Schweiß auf seiner Haut zu trocknen begann. Udo überlegte, ob er die Sackkarre aus dem Wagen holen sollte, entschied sich aber dagegen und schleppte das Paket bis in den zweiten Stock. Dort pausierte er auf dem Treppenabsatz, nahm den Karton wieder auf, und stand kurz darauf im vierten Stock, wo ihn im Flur eine Frau mit vor der Brust verschränkten Armen schon erwartete.

Statt einer Begrüßung sagte sie: »Da sind Sie ja endlich.«

Der Stimme nach war es die Frau, mit der Udo schon über die Gegensprechanlage gesprochen hatte. Sie war mittelalt, schlank, ungeschminkt und hatte raspelkurze blonde Haare. Sie trug einen grauen Hosenanzug und hohe Schuhe.

»Einfach da rein, ganz durch, ins letzte Zimmer hinten links«, sagte sie und deutete auf die geöffnete Tür hinter sich.

Udo dachte daran, dass er die Frau darauf hinweisen könnte, dass er nur verpflichtet war, bis an die Firmentür zu liefern, ließ es aber sein.

Er trug das Paket über die Türschwelle und geriet dabei ein wenig in Rückenlage. Der Aufstieg hatte ihm wohl doch mehr zugesetzt, als er zunächst gedacht hatte. Udo machte einen Ausfallschritt und taumelte in den Büro-Flur, fing sich aber wieder.

Ein Typ in schwarzen Anzugshosen und mit gelockerter Krawatte vor dem weißen Hemd lehnte rechts im Türrahmen und lachte. »Bist du besoffen, oder was?«

Udo ignorierte ihn. Die Frau verdrehte die Augen und bog auf dem Flur in eine kleine Teeküche ab. »Ich mach mir einen Kaffee, Ingo, willst du auch?«

»Immer doch«, rief der Schlipsträger aus seinem Büro durch die offene Tür in den Flur.

Udo ließ das Paket im letzten Zimmer hinten links auf den Boden sinken und massierte sich den Rücken. Die Jalousien vor dem Fenster waren heruntergelassen, die Sonne malte ein Gittermuster auf den beigen Teppichboden vor seinen Füßen. Er schloss die Augen und wartete, bis sein Atem sich wieder etwas beruhigte, sein Herz langsamer schlug. Das Hemd klebte ihm am Oberkörper und unter seinen Armen hatten sich zwei hässliche dunkle Flecken gebildet. Er stellte sich vor, wie er in das Büro des Mannes gehen, ihn an seiner Krawatte packen, über den Schreibtisch ziehen und dann zwei oder dreimal mit dem Kopf auf die Tischplatte schlagen würde. Frauen schlug er grundsätzlich nicht, aber bei der Tussi im Hosenanzug würde er eine Ausnahme machen.

»Muss ich was quittieren?« Die Frau stand im Türrahmen und sah Udo gelangweilt an.

»Ja, hier bitte.« Er löste das Quittier-Gerät von seinem Gürtel und hielt es der Frau hin. Sie kritzelte etwas auf das Display und ging ein Stück beiseite, um Udo durchzulassen. Offenbar wollte sie die Lieferung nicht kontrollieren.

Auf dem Flur bog sie ab und verschwand in einem kleinen Raum, bei dem es sich um die Toilette handeln musste. Aus dem Büro des Mannes weiter vorne hörte Udo Tastengeklapper, irgendwo klingelte leise ein Telefon.

In der Teeküche, auf der anderen Seite des Ganges, standen zwei gefüllte Tassen im Ausgabeschacht des auf Hochglanz polierten Kaffeeautomaten.

Udo betrat den kleinen Raum. Auf einer der beiden Tassen stand in verschnörkelter Schrift *Shopping Queen*, die andere trug das Logo des FC Bayern München. Im Büro weiter vorne hackte der Mann immer noch auf seine Computertastatur ein, das Telefon hatte aufgehört zu klingeln. Eine Klospülung wurde betätigt.

Udo zog Rotze aus Nase und Rachen zusammen, dann spuckte er einmal in jede der beiden Tassen, platzierte sie wieder so unter dem Ausgabeschacht, wie sie vorher gestanden hatten, und verließ das Büro.

Als er wenig später die Straße zu seiner zweiten Lieferadresse hinunterfuhr, fiel ihm der Titel des Stücks ein, das der Typ im Cabrio gehört hatte. Man musste die Dinge nur loslassen, dann kam am Ende alles wie von selbst zu einem. *König von Deutschland* wurde man deshalb zwar noch lange nicht. Aber eine kleine Auszeit von all dem Scheiß, die konnte man sich vielleicht doch vollkommen ohne Risiko ergattern.

Udo belieferte noch zwei Adressen, dann machte er an einem Supermarkt Halt und kaufte sich ein Billighandy und eine Prepaidkarte. Er übertrug die Nummer seines alten Kontakts aus seinem Smartphone und löschte sie dann.

Wenn die Nummer mittlerweile ungültig war, wäre die Sache entschieden. Sollte er seinen alten Kontaktmann aber noch erreichen, würde er bald eine kleine Auszeit nehmen können.

***

Thomas träumte schon wieder von den Klotüren am Frankfurter Hauptbahnhof. Nur dass die auf einmal alle verschlossen waren. Eine ihm vollkommen unbekannte, aber deutlich spürbare Gefahr ging von dem gekachelten Raum aus, in dem er sich befand. Hinter ihm gingen Menschen aus und ein und Thomas flehte sie an, ihm doch bitte zu sagen, wie man aus diesem Gefängnis herauskäme, aber sie sahen ihn nur verständnislos an, lächelten und lösten sich vor seinen Augen auf, wie früher die Besatzung des Raumschiffs Enterprise beim Beamen. An den Wänden waren Graffitis, die Hinweise auf einen Fluchtweg enthielten, aber sie waren in einer ihm nicht zugänglichen Sprache abgefasst. Immer wieder rüttelte er an den Türen und schließlich rannte er von der entgegengesetzten Wand aus los und versuchte die mittlere Tür mit der Schulter einzurennen. In dem Moment, als er sich mit seinem ganzen Körpergewicht gegen das Türblatt warf, öffnete sich die Tür und er stürzte über die Schwelle in eine undurchdringliche Schwärze, in der er sich mehrfach überschlug und um die eigene Achse drehte, wodurch ihm speiübel wurde. Er spürte, dass etwas aus seinem Magen in Bewegung geriet und seine Kehle emporstieg, öffnete die Augen, sah in ein Gesicht, das ihm vage bekannt vorkam, und schaffte es gerade noch, sich auf die Seite zu drehen, um sich auf den Boden zu übergeben.

»Oh Mist, was für eine eklige Schweinerei, ihr habt sie doch nicht mehr alle!«

Thomas hörte die Stimme zu dem Gesicht, auch die kam ihm bekannt vor. Es dauerte allerdings noch einen Moment, bis er wusste, wo er war und wer da hinter ihm schimpfte. Als er wieder Luft bekam, starrte er auf die gelbliche Pfütze, die er auf dem Teppich hinterlassen hatte. Ein paar kleine Bröckchen schwammen darin herum, die er nicht zuordnen konnte. Er hatte nichts gefrühstückt außer schwarzem Kaffee und dann ...

Und dann waren sie nach dem geplatzten Deal zu Whisky übergegangen. Das hier war Steffens Keller, aber die Stimme, die er hörte, war nicht Steffens Stimme.

»Geht's wieder einigermaßen?«, fragte Tati.

Thomas sah nur ihre Füße vor sich, die in rosa Ballerinas steckten. Sie war vorsichtshalber ein Stück beiseite gegangen, um nichts abzubekommen.

Er hob den Kopf, ließ ihn aber gleich wieder sinken, die Bewegung löste einen fiesen Drehschwindel aus. Er wischte sich den Mund mit dem Hemdsärmel ab und wuchtete sich zurück auf die Couch, wo er in Rückenlage mit dem Unterarm über den Augen liegenblieb.

»Sag mal, was treibt ihr hier eigentlich?«, hörte er Tati zetern. »Ihr gebt euch am helllichten Tag die Kanne und kotzt hier die Bude voll, was soll das werden? Nachgeholte Jugend, oder was?«

Thomas wollte etwas antworten, brachte aber keinen Ton heraus. Ja, was sollte das werden?

Mit einem Schlag war er stocknüchtern. Er nahm den Arm von den Augen und sah sich um. Die Tasche war weg. Und wo war eigentlich Steffen?

Tati verließ den Keller und kam kurz darauf mit einem Eimer und Putzutensilien zurück. Sie ging auf die Knie und begann Thomas' Kotze aufzuwischen.

»Tati, das ... das tut mir wirklich furchtbar leid, das ...«

»Ja, ja, geschenkt!«

Thomas beobachtete, wie Tati den Putzlappen über dem Eimer auswrang und sich mit vor Ekel verzogenem Gesicht wieder dem Teppich zuwandte.

»Wo ist denn eigentlich Steffen?«, fragte er und sah sich im Keller um, als habe sich sein Freund womöglich irgendwo versteckt.

»Der hat einen Anruf bekommen und ist weg.«

»Weg?«

»Ja, weg! Mit dem Auto. Wenn sie den anhalten, sieht er seinen Führerschein nie wieder!« Tati sprühte Reinigungsschaum auf den Teppich, erhob sich und stand mit in die Hüften gestemmten Armen vor der Couch, auf der Thomas lag und versuchte, sich zusammenzureimen, was passiert war. Sie hatten Whisky getrunken und irgendwann hatte er beschlossen, einen Moment lang die Augen zuzumachen ... da fiel ihm etwas ein.

»Wie spät ist es eigentlich?«

»Gleich halb sechs.«

Thomas traute seinen Ohren nicht. Wenn das stimmte, hatte er den ganzen Nachmittag im Vollrausch hier auf der Couch verbracht. Er richtete sich auf, was ihm besser gelang, als er gedacht hatte. Er stellte die Füße auf den Boden und massierte sich die Schläfen. Der ätzende Geschmack nach Kotze und Magensäure in seinem Mund hielt sich hartnäckig.

»Hast du mal ein Glas Wasser, bitte?

Tati ging rüber zur Bar, griff hinter die Theke und holte eine Flasche stilles Wasser und ein Glas hervor. Sie schenkte ein und reichte Thomas das Glas, der es dankbar entgegennahm und in kleinen Schlucken trank.

»Was läuft da eigentlich ab bei euch, kannst du mir das vielleicht mal verraten?« Tati setzte sich neben ihn auf die Couch und sah ihn mit ernster Miene an.

Thomas drehte das halbvolle Glas in seiner Hand. »Wir haben nur ein bisschen was getrunken ... okay, wir haben uns ganz schön die Kante gegeben, und dann auch noch am Vormittag, ist einfach so passiert, vielleicht kommen wir jetzt ja in die berüchtigte Midlife-Crisis, das Alter hätten wir ja dazu ...«

Tati sah ihn traurig an. »Midlife-Crisis, ja?«

Thomas hob die Schulter und ließ sie wieder fallen. Jetzt musste er auch noch Tati anlügen, was ihm komischer Weise mehr zusetzte, als die Lügengeschichten, die er seiner eigenen Frau seit Wochen auftischte. Offenbar hatte er sich bei Petra schon daran gewöhnt. Wenn er so weitermachte, bestand sein ganzes Leben bald nur noch aus Lügen.

Tati wollte gerade etwas entgegnen, als sie hörten, wie oben die Haustür aufgeschlossen wurde. Kurz darauf polterte jemand die Treppe herunter und riss die Tür zum Keller auf.

Steffen sah nicht viel besser aus als Thomas. Sein Gesicht glänzte und die Augen waren rotunterlaufen. Das karierte Freizeithemd war zerknittert und hing ihm aus der Hose. Als er Thomas und Tati auf der Couch sitzen sah, grinste er.

»Ah, auferstanden von den Toten, was?«

Thomas winkte ab, aber Tati sagte: »Du hast es nötig...«

Steffen ignorierte die Bemerkung. »Hast du gekotzt?«, fragte er mit Blick auf den eingeschäumten Teppich.

Thomas nickte und trank einen Schluck Wasser. Eine Weile sagte keiner etwas. Schließlich stand Tati auf.

»Dann will ich euch mal nicht länger stören«, sagte sie und verließ den Raum.

Steffen wartete noch einen Moment, dann setzte er sich zu seinem Freund auf die Couch, legte ihm eine Hand auf die Schulter und sah ihn bedeutungsschwanger an.

»Ich habe gute Nachrichten, Kumpel, wir kommen doch noch ins Geschäft.«

»Ach. Und...wie?«, stammelte Thomas.

Offenbar hatte Udo Jaruzelski sich noch einmal gemeldet, als Thomas bereits eingeschlafen war. Steffen hatte sich mit ihm getroffen. Thomas kapierte immer noch nicht, was das alles bedeutete, sein Kopf dröhnte. Das Glas war leer, der eklige

153

Geschmack in seinem Mund war fast weg, aber er hatte immer noch Durst.

»Udo hat mir was verkauft«, erklärte Steffen und zog ein Prepaidhandy aus seiner Hosentasche. »Auf diesem Handy ist eine einzige Nummer gespeichert, und wenn wir diese Nummer wählen und eine Nachricht auf der Box hinterlassen, werden wir zurückgerufen.«

»Und dann?«

»Dann bekommen wir ein Angebot, nehme ich an. Und weitere Instruktionen.«

»Weitere Instruktionen. Okay. Und Jaruzelski?«

»Der will damit nichts zu tun haben. Der will nur mal richtig Urlaub machen.«

»Aha?«

»Pass auf: Er hat mir das Handy mit der Nummer verkauft. Für dreitausend Euro. Ich bin für dich, also für uns, meine ich, in Vorleistung gegangen.«

Thomas war irritiert. »Und wann wolltest du das mit mir besprechen?«

Steffen sprang auf und warf die Arme in die Luft. »Du warst ein bisschen außer Gefecht, schon vergessen? Und irgendeiner muss hier ja die Entscheidungen treffen!«

»Und das bist dann du, ja?«

»Ja!«, schrie Steffen. »Ja, in diesem Fall war ich das, verdammt noch mal!«

Thomas schloss die Augen und massierte sich mit den Fingern die Lider. Was passierte hier nur. Er spürte, wie Steffen sich zu ihm herunterbeugte und zischte: »Verstehst du nicht? Wir werden das Zeug verkaufen können, es läuft alles nach Plan.«

»Das Zeug…«, echote Thomas. »Wo ist das eigentlich?«

»Komm mal mit!«

Steffen ging zur Bar hinüber, kniete sich auf den Boden und öffnete einen der Unterschränke. Auf dem Boden unter der Einlassung für die Zapfanlage befand sich eine Klappe. Thomas beugte sich vor und sah Steffen über die Schulter. Die Tasche stand in einem Hohlraum unter der Theke. Die Klappe, die den Hohlraum verschloss, war unter einem Stück Teppich verborgen.

Sie kauerten beide noch in dem schmalen Thekendurchlass, als es an der Tür klopfte.

»Ich wollte den Herren nur mitteilen, dass ...«, hörten sie Tati sagen und mitten im Satz abbrechen, weil sie die beiden Männer nicht sehen konnte.

Thomas und Steffen wechselten einen schnellen Blick, dann erhoben sie sich langsam und sahen hinüber zur Tür, wo Tati entgeistert den Kopf schüttelte.

»Ich will gar nicht wissen, was ihr da unten getrieben habt. Will ich wirklich nicht.«

»Wir haben nur was gesucht«, sagte Steffen, was ja stimmte, sich aber trotzdem nach einer ziemlich lahmen Ausrede anhörte.

»Sicher, sicher«, entgegnete Tati und wandte sich dann an Thomas: »Petra kommt gleich, um dich abzuholen. Ich habe ihr eine Nachricht geschickt, damit du nicht auch noch auf die Idee kommst, dich in deinem Zustand hinters Steuer zu setzen.«

***

Gegen halb sieben beschloss Maik, die Sache langsam zu Ende zu bringen. Seine Vorbereitungen waren abgeschlossen.

Sie saßen mal wieder auf der Treppe in der Eingangshalle und rauchten. Benny checkte gerade die Aufnahmen, die er gemacht hatte, und überlegte offenbar, was ihm noch fehlte.

»Das Beste hast du noch gar nicht gesehen«, sagte Maik und begann, seine Sachen zusammenzuräumen. Außer den Zigarettenkippen nahm er alles wieder mit. Wahrscheinlich war es egal, aber er hatte es sich angewöhnt, keine Spuren zu hinterlassen.

Benny hob den Kopf und sah ihn erwartungsvoll an. »Und was ist das Beste?«

Der Gang mit dem Zellentrakt im zweiten Stock lag hinter einer Wand aus Glasbausteinen, selbst die darin eingelassene Tür war auf diese Weise verglast. Trat man durch diese Tür, gelangte man nach wenigen Metern zu einem links in der Wand befindlichen Zugang, der mit einem Schiebegitter gesichert war. Hinter diesem Gitter lag ein zweiter, schmaler Gang, an dem die Zellen lagen. Es gab 12 davon, jede war komplett gefliest und enthielt lediglich eine lange harte Bank, die fest in der Wand verankert war. Das einzige Tageslicht fiel durch eine Ecke, in der man ein paar Fliesen durch Glasbausteine ersetzt hatte. Am Ende des Flurs vor den Zellen gab es in die Wand eingelassene Pinkelbecken und auch ein paar richtige Toilettenkabinen, die allerdings nur über halbe mittig angebrachte Türen verfügten und so jederzeit einsehbar waren. Der Trakt war wohl nur zur kurzfristigen Unterbringung von Häftlingen angelegt, typische Ausnüchterungszellen eben, wie Maik sie selbst auch schon anderswo kennengelernt hatte.

»Na? Sowas hast du noch nicht gesehen, oder?« Er ging vor und betrat den schmalen Gang vor den Zellen.

Benny fotografierte zuerst das altmodische Ziehharmonikagitter, das den Trakt vom äußeren Flur abtrennte, dann schaute er vorsichtig in jede der Zellen, als erwarte er, dass in einem der Hafträume noch ein Verbrecher seinen Rausch ausschlief.

In der letzten Zelle setzte sich Maik auf die Bank und packte in aller Seelenruhe seinen Rucksack aus, legte die Isomatte und eine Decke auf den Boden, und holte anschließend den Proviant, den er am Mittag im Bahnhof gekauft hatte, hervor.

Zwei in Plastikfolie eingewickelte Baguettes sowie ein paar Dosen Bier und Cola kamen zum Vorschein. Als er am Schluss sogar noch zwei dünne Servietten dazulegte, musste Benny lachen.

»Was wird das denn jetzt? Picknick?«

»Abendbrot, wenn du so willst. Komm setz dich.«

Benny ließ sich neben ihm auf der steinharten Bank nieder, packte eines der Baguettes aus, biss hinein und sah sich kauend in dem hohen, gekachelten Raum um.

»Wie die wohl da hinkommen?« Er deutete mit dem Zeigefinger an die Decke, die mit unleserlichen Graffitis besprüht war. »Ganz schön krass, irgendwie.«

Maik sagte nichts, obwohl er viel dazu hätte sagen können, wie krass es wirklich war, in einer Ausnüchterungszelle eingesperrt zu sein, aber er wollte dem Jungen nicht unnötig Angst machen.

Sie aßen schweigend, spülten die trockenen Baguettes mit reichlich Cola herunter und gingen dann zu den Bierdosen über.

»Ich glaub, ich muss mal…«, sagte Benny irgendwann und rutschte unruhig auf der Bank hin und her.

»Eigentlich kannst du hier hinpissen, wo du willst, das stört hier keinen, aber die alten Pissbecken sind gleich nebenan.«

Benny verließ die Zelle. Kurz darauf hörte Maik es plätschern.

»Ich … ich muss dann auch bald mal wieder zurück…«, sagte Benny bei seiner Rückkehr und biss sich auf die Unterlippe. Die Begeisterung des Tages, die den Jungen alles andere hatte vergessen lassen, ebbte wohl langsam ab.

»Klar«, sagte Maik, »aber vorher trinken wir noch einen, oder?«

Sofort hellte sich die Mine des Jungen wieder auf.

Maik hatte die beiden Pappbecher schon vorbereitet, er reichte einen davon an Benny weiter, der ihn zunächst begeistert entgegennahm, dann daran schnupperte und das Gesicht verzog. »Puh, ist das Jägermeister?«

»Magst du nicht?«

»Naja...«

»Komm schon!« Maik hob den Becher an die Lippen, trank aber noch nicht. Erst als er sicher war, dass der Junge mittrank, kippte er den Kurzen ab.

Benny schüttelte sich. »Kräuterschnaps ist nicht so meins, weißte?«

»Man gewöhnt sich dran.«

»Wie meinstn das?«

Maik schüttelte den Kopf. Er begann seinen Rucksack zu packen. »Kann ich mal dein Handy haben?«

Der Junge stutzte, aber dann holte er sein Smartphone hervor und gab es Maik, der es entgegennahm, ausschaltete und in seinen Rucksack fallen ließ.

»Hey, das will ich aber wiederhaben«, protestierte Benny und sah ihn ungläubig an. »Was...was soll das denn jetzt?«

»Wir warten.«

»Worauf?«

»Bis die K.-o.-Tropfen wirken.«

»Was?«

»Mach es dir nicht schwerer, als es sein muss.«

Benny stand auf und sagte mit zittriger Stimme: »Ich will jetzt gehen.«

»Setz dich wieder.«

Er gehorchte sofort und ließ sich wieder auf der Bank nieder.

»Also, pass auf: Ich lasse dir die Decke, die Matte und eine Flasche Wasser da. Aufm Klo warst du ja noch mal.«

Der Junge hob den Kopf und sah Maik verstört an.

»Wenn du in der Nacht Geräusche hörst, würde ich mich an deiner Stelle ruhig verhalten, meistens sind das Junkies oder Kupferdiebe, die sich hier rumtreiben, und die wollen ungestört sein, verstehste? Die rufen für dich nicht die Bullen oder so, falls du das glauben solltest.«

Benny nickte, er sah Maik mit offenem Mund und großen Augen an, wie ein Kind, das man mitten in der Nacht aus dem Schlaf gerissen hatte. »Ich verstehe nicht...«

»Die Zellentür lässt sich von außen öffnen, aber nicht von innen. Es kann also jeder zu dir rein, aber du nicht raus. Halt einfach die Klappe, dann passiert dir nichts, kapiert?«

»Ich verstehe nicht...«, wiederholte Benny, dessen Lider offenbar schon schwerer wurden.

»Es geht nicht um dich.«

»Aber warum?«

»Dein Vater hat etwas, was mir gehört, und das will ich wiederhaben.«

»Mein Vater?«

Maik blieb noch eine Weile bei seiner Geisel sitzen, der das Sprechen jetzt schon zunehmend schwerer fiel. Irgendwann kippte Benny zur Seite hin um, die Beine auf dem Boden, den Oberkörper auf der Bank. Maik durchsuchte den Rucksack des Jungen, dann verrammelte er die Zellentür von außen und ging hinaus auf den Flur. Er sah aus dem Fenster in den großen Innenhof zwischen altem und neuem Gebäudeteil, aus dem sich die Sonnenstrahlen schon langsam zurückzogen.

Es würde wieder eine schmerzhafte Nacht für seinen Rücken werden, so viel war klar.

***

Petra lag quer über dem Futon-Doppelbett und hörte nebenan die Dusche prasseln. Sie hätte nicht sagen können, woran es
lag, aber sie hatte das Gefühl, dass sie nicht mehr allzu oft hier-
herkommen würde.

Vielleicht lag es an den überzogenen Erwartungen des
Homöopathen. Er wollte eben mehr, sie nicht. Oder vielleicht
noch nicht? Ob sie denn wirklich bei ihrem Mann bleiben
wolle, hatte er sie gefragt und Petra wusste nicht, was sie darauf
antworten sollte. Ja. Nein. Vielleicht. Mal sehen?

Sie stand auf und sammelte ihre Unterwäsche ein, zog Slip
und BH an und suchte nach dem Funktionsshirt, das sie vorhin
zuerst ausgezogen hatte, und fand es schließlich unter dem Bett.
Das Wasser im Bad wurde abgedreht, sie hörte, wie die Tür der
Duschkabine aufgeschoben wurde. Gleich würde er mit einem
Handtuch um die schmalen Hüften ins Zimmer kommen, sich
auf den Bettrand setzen und abermals seine Argumente vortra-
gen, als wäre sie schwer von Begriff.

Petra seufzte, schlüpfte in ihre Turnschuhe, sah sich noch
einmal im Raum um, ob sie irgendetwas vergessen hatte, und
verließ das Schlafzimmer.

Als sie ins Freie trat, atmete sie tief durch, ging ein paar
Schritte an der Fasaneriemauer entlang und fiel dann in einen
leichten Trab. Sie hatte gerade den Durchlass in den Park
erreicht, als ihr Handy vibrierte. Sie wollte jetzt nicht mit dem
Homöopathen reden, verlangsamte aber trotzdem ihre Schritte.
Ein älteres Ehepaar kam ihr entgegen, die Frau schob einen Rol-
lator vor sich her, der Mann stützte sich auf einen Stock. Die
Rücken der beiden alten Leutchen waren krumm wie Fragezei-
chen. Die Frau kam deutlich schneller voran als der Mann. Sie

blieb stehen und wartete auf ihn. Als sie wieder auf einer Höhe waren, sahen sie sich kurz an und lächelten beide, dann setzten sie ihren Weg Seite an Seite fort.

Petra war stehengeblieben, sah dem Paar hinterher und fragte sich, wann sie das letzte Mal mit jemandem einen solchen Blick getauscht hatte. Sie dachte noch darüber nach, als sie bemerkte, dass ihr Handy längst aufgehört hatte, zu vibrieren. Dafür meldete es jetzt den Eingang einer Nachricht.

Petra zog das Smartphone aus ihrer Gürteltasche und sah auf das Display. Zu ihrer Überraschung war es nicht der Homöopath, der ihre eine Nachricht geschickt hatte, sondern Tati.

Unsere Männer haben sich zulaufen lassen, kannst du Thomas bitte abholen? 🙁

Petra stutzte. Das passte nicht zu Thomas. Erst die Sache mit dem Resturlaub und jetzt auch noch ein Besäufnis am helllichten Tag? Sie tippte eine kurze Antwort, steckte das Handy wieder ein, und trabte los.

Als sie das Haus betrat, spürte sie sofort, dass sonst niemand da war, sah aber auf dem Weg in die Dusche trotzdem kurz in Bennys Zimmer. Das Bett war noch von der letzten Nacht zerwühlt, auf dem Boden davor wie üblich eine halbvolle Flasche Cola light, eine aufgerissene Tüte Chips und ein mit Ketchup beschmierter Teller – wahrscheinlich die Überreste eines Mitternacht-Snacks. Gelüftet war natürlich auch noch nicht.

Petra öffnete das große Fenster und milde Abendluft strömte in das Zimmer. In der Ferne sah sie die Storchennester in den hochaufragenden Bäumen, die langsam sinkende Sonne tauchte die Felder hinter dem Landgraben in rötliches Licht. Der komische Typ von heute Morgen fiel ihr wieder ein und wie Benny nach ihrem Streit wortlos abgehauen war. Wahrscheinlich waren die beiden auch auf Sauftour gegangen und sie durfte dann später, nachdem sie ihren Ehemann abgeholt hatte, auch noch ihren besoffenen Sohn irgendwo aufgabeln.

Beinahe hoffte sie, dass es so war, denn ihr Gefühl war ein anderes. Von diesem Maik ging eine merkwürdige Spannung aus. Und warum hatte er heute früh gesagt, es sei ja *noch* gar nichts passiert? Was sollte das heißen, *noch* nicht? Und warum hatte sie Benny einfach so gehen lassen? Petra spürte, wie sich die feinen Härchen an ihren Unterarmen aufstellten. Es war ein Fehler gewesen. Sie hätte ihn nie und nimmer mit diesem Maik gehen lassen sollen.

Petra schloss das Fenster wieder, obwohl noch gar kein richtiger Luftaustausch stattgefunden hatte, und ging ins Bad. Bevor sie unter die Dusche stieg, schickte sie Benny eine kurze Nachricht. Als sie sich eine halbe Stunde später abgetrocknet hatte und in frische Unterwäsche geschlüpft war, stellte sie fest, dass die Nachricht erfolgreich verschickt, aber noch nicht gelesen worden war. Nachdenklich zog sie sich fertig an und machte sich dann auf den Weg.

Tati öffnete bereits die Haustür, bevor Petra aus ihrem Polo gestiegen war. Sie nahm sie mit vor der Brust verschränkten Armen in Empfang. Statt einer Begrüßung fragte sie: »Sag mal, weißt du vielleicht, was mit den beiden los ist?«

Petra schüttelte den Kopf.

»Aber irgendwas läuft da doch!«

»Tati, ich habe keine Ahnung, okay?«, antwortete Petra gereizt.

Die Freundin sah sie enttäuscht an, offenbar hatte sie sich wirklich erhofft, dass Petra das merkwürdige Verhalten ihrer Männer erklären konnte.

Sie standen eine Weile schweigend im Flur, als warteten sie noch auf jemanden.

Petra wollte so schnell wie möglich wieder nach Hause. Natürlich hätte sie Tati erzählen können, dass Thomas schon seit Wochen verändert war und sich merkwürdig verhielt. Sie hätte nachfragen können, wie es denn mit Steffen sei, und dann hätten sie gemeinsam herausfinden können, was mit ihren Männern eigentlich nicht stimmte. Petra spürte, dass Tati genau das von ihr erwartete: eine Frauensolidarität, mit der sie die Männer knacken konnten. Aber dazu war Petra nicht bereit – nicht mit Tati, bei der man nie sicher sein konnte, wo die aufrichtige Betroffenheit endete und die Koketterie begann.

In Steffens Keller saß Thomas mit dem Kinn auf der Brust und geschlossenen Augen auf dem Sofa, während Steffen zurückgelehnt im Sessel fläzte, die Beine ausgestreckt und den Kopf in den Nacken gelegt. Petra sah den abgetrockneten Schaum auf dem Teppichboden und verzog angeekelt den Mund.

Sie berührte ihren Mann an der Schulter und sagte: »Komm jetzt, wir gehen heim.«

Thomas öffnete die Augen, schluckte ein paarmal, nickte und erhob sich dann wortlos.

Sie nahmen den BMW und ließen den Polo stehen. Auf der Heimfahrt fielen Thomas immer wieder die Augen zu. Petra fragte sich, ob es nur der Alkohol war, der ihrem Mann zusetzte.

Zuhause checkte sie ihre Nachrichten auf dem Handy. Immer noch nichts von Benny. Normalerweise musste er um zehn zu Hause sein, wenn es nicht ausdrücklich anders abgesprochen war. Er hatte also noch gut zwei Stunden Zeit.

»Wir müssen noch mal mit Benny reden, Thomas.«

»Schon wieder?«

Petra sah, wir ihr Mann am Küchentisch vor einem großen Glas Mineralwasser saß, die Ellenbogen aufgestützt, den Kopf in die Hände gelegt.

»Ja, müssen wir. Schon wieder. Morgen, wenn du wieder klar denken kannst.«

Thomas sah sie beleidigt an, griff nach dem Glas, trank es in einem Zug aus und erhob sich. »Ich geh ins Bett...«

»Gute Idee«, entgegnete Petra und ging ein Stück beiseite um ihn durchzulassen. Sie sah ihrem Mann hinterher, wie er sich schwerfällig die Treppe hinaufschleppte, den Kopf gesenkt, eine Hand am Geländer.

Zum ersten Mal fragte sie sich, ob Thomas vielleicht ein Geheimnis hatte, von dem sie gar nichts wissen wollte. Ein Geheimnis, das alles andere erklären würde. Ein Geheimnis, von dem nur er und Steffen wussten. Vielleicht, dachte Petra auf einmal, vielleicht war es ja doch ein Fehler gewesen, sich nicht mit Tati zu verbünden.

Oben wurde die Schlafzimmertür geschlossen. Sie würde sich jetzt einen Kaffee machen, sich mit der Tasse ins Wohnzimmer setzen und auf ihren Sohn warten.

***

»Was. Hier. Los. Ist. Will. Ich. Wissen!«

Tati stand, die Hände in die Hüften gestemmt, im Türrahmen und hinderte Steffen daran, den Raum zu verlassen.

»Krieg dich wieder ein, es ist alles in bester Ordnung. Thomas hat ein kleines Problemchen, das wir gemeinsam lösen, okay?«

»Thomas, ja? Ein...«, Tati malte mit den Fingern Anführungszeichen in die Luft, »Problemchen?«

Steffen nickte. »Hör mal, ich kann dir nicht mehr dazu sagen, er hat mich darum gebeten, es für mich zu behalten. Das hat mit dir und mir nichts zu tun, gar nichts. Das glaubst du mir doch, oder?«

Tati sah ihren Mann misstrauisch an, aber Steffen wusste, dass er sie in der Tasche hatte. Er musste jetzt ruhig bleiben, durfte sich nicht provozieren lassen.

»Ist es wegen Petra?« Tati war neugierig geworden, auch damit hatte er gerechnet.

»Ich habe es ihm versprochen, schon vergessen?«

»Das heißt dann wohl *ja*. Die beiden lassen sich doch nicht etwa scheiden?«

Steffen verschränkte die Arme vor der Brust und sah Tati mit gehobenen Augenbrauen an. Beziehungstratsch gehörte zu ihren ganz großen Leidenschaften. »Ich sage dazu nichts mehr.«

»Na gut, dann eben nicht.«

»Hör auf zu schmollen, das steht dir nicht.«

Tati versetzte ihm einen Stoß gegen die Brust, aber Steffen hielt ihre Hände fest, drückte sie gegen den Türrahmen und versuchte, sie zu küssen.

»Hör auf, du stinkst nach Bier und Schnaps!« Tati wandte ihren Kopf ab, soweit es ging, und Steffens Kuss landete auf ihrem Hals. Er lockerte seinen Griff und raunte: »Ich kann mir ja die Zähne putzen ...«

»Ach ja? Dann mach das doch mal, dann sehen wir weiter ...«

»Mach ich ganz sicher, aber zuerst muss ich noch mal in meinen Keller, was erledigen, okay?«

Einen Moment lang war er sich sicher, dass Tati gleich wieder ausflippen würde, aber dann presste sie ihren Unterleib gegen seinen und schnurrte: »Lass mich aber nicht zu lange warten, hörst du?«

Sie entwand sich seinem Griff, ließ sich quer über einen der Wohnzimmersessel fallen und legte die Beine über die Lehne.

»Bestimmt nicht«, sagte Steffen und zwinkerte ihr zu. »Ganz bestimmt nicht.«

In seinem Keller schloss er die Tür, lehnte sich mit dem Rücken gegen das Türblatt, schloss die Augen und atmete durch.

Er fühlte sich wie ein Jongleur, der immer mehr Kugeln in der Luft halten musste. Aus dem Wohnzimmer drang leise Musik zu ihm herunter. Das war gut, wenn Tati es sich oben romantisch machte, war er hier unten für ein paar Minuten ungestört. Trotzdem schloss er sicherheitshalber ab.

Nur ein Anruf. Einer. Ein einziger. Und nur die Fakten. Kein dummes Herumgequatsche. Das hatte Udo ihm eingebläut. Und dass er ab diesem Zeitpunkt aus der Sache raus war und ihm nicht mehr würde helfen können – und auch nicht wollen.

Steffen holte das Billig-Handy hinter der Theke hervor, wo er es vorhin unter einem Stapel Servietten liegengelassen hatte. Thomas war vollkommen im Arsch, auf den konnte er nicht zählen. Der kam am Ende noch auf die Idee, die Tasche doch zur Polizei zu bringen, um sein Gewissen zu beruhigen. Und dann wären sie geliefert, dann würde alles den Bach runtergehen. Vielleicht war das seinem alten Freund mittlerweile ja egal, aber ihm ganz bestimmt nicht. Er hatte eine Chance, sich an den eigenen Haaren aus der Scheiße zu ziehen, und die würde er nutzen.

Steffen rief die Kurzwahl auf und drückte den Verbindungsbutton. Sein Herz begann schneller zu schlagen, sein Mund schien von einem auf den anderen Moment vollkommen ausgetrocknet zu sein. Nach dem dritten Signalton ging die voreingestellte Mailbox dran. Eine computergenerierte Stimme forderte ihn auf, eine Nachricht zu hinterlassen. Steffen sagte, was er zu sagen hatte, und legte wieder auf.

Das unscheinbare Handy lag in seiner Hand. Sein Herzschlag normalisierte sich wieder. »Na also«, sagte er leise zu sich selbst, »war doch gar nicht so schlimm.«

Er stand noch eine Weile unschlüssig hinter der Theke und lauschte auf die aus dem Wohnzimmer zum ihm herunterdringende Musik. Was war das? Steffen überlegte, dann fiel es ihm ein: *Smooth Operator.* Ausgerechnet dieser uralte Schmusehit. Tati stand auf sowas.

Als das Telefon in seiner Hand zu klingeln anfing wie eines dieser alten US-Telefone, hätte er es beinahe fallengelassen. Sein Herzschlag schraubte sich sofort wieder in die Höhe, seine Hände zitterten.

Das ging aber verdammt schnell, dachte Steffen, und war sich nicht sicher, ob das ein gutes oder ein schlechtes Zeichen war. Er drückte die Taste, um das Gespräch anzunehmen, und hob das Handy an sein Ohr.

MITTWOCH, 12. JUNI 2019

rgendwann in der Nacht musste er von der harten Bank auf die Matte heruntergerutscht sein und sich in die Decke, die Maik ihm in der Zelle gelassen hatte, gewickelt haben. Daran erinnern konnte er sich allerdings nicht. Hin und wieder glaubte er, wach zu werden, sich durch die undurchdringliche Schwärze seines Gefängnisses zu einem schwachen Lichtfleck emporzuarbeiten, aber dann riss ihn irgendetwas jedes Mal wieder in die Finsternis zurück.

Als die Wirkung der K.-o.-Tropfen dann allmählich abflaute, schlief er tief und fest, und wachte erst in den frühen Morgenstunden wieder auf, weil er erbärmlich fror. Er schlang die Decke um seinen zitternden Körper, richtete sich auf und sah sich um. Sein Kopf dröhnte und sein Rücken schmerzte. Der modrige Geschmack in seinem Mund ließ ihn nach der Flasche greifen. Das Wasser war lauwarm und abgestanden, aber es erfüllte seinen Zweck.

Durch die Ecke mit den Glasbausteinen über ihm fiel milchiges Licht in den gekachelten Raum. Sofort waren die Erinnerungen wieder da: an das Präsidium, an Maik und an das, was er gesagt hatte, bevor sich der schwarze Vorhang vor Bennys Augen gesenkt hatte.

Dein Vater hat etwas, das mir gehört.

Was zur Hölle konnte das wohl sein? Und was bedeutete das jetzt? Benny rieb sich die Stirn. Am liebsten hätte er losgeheult. Er wusste, was das bedeutete. Maik würde seinem Vater einen Deal anbieten, einen Tausch. Er, Benny, war ein Faustpfand, eine Geisel, ein Druckmittel. Aber für was? Das war doch alles völlig bescheuert! Was sollte sein langweiliger Vater denn bitte haben, das nicht ihm, sondern Maik gehörte? Es musste jedenfalls etwas von großem Wert sein, wenn es eine Entführung rechtfertigte.

Ein Missverständnis. Auf einmal war er sich sicher, dass es sich um ein Missverständnis handelte. Natürlich! Maik hatte den falschen Mann im Visier. Es konnte gar nicht anders sein.

Als hätte er mit diesen Gedanken seinen Entführer herbeigerufen, hörte er auf einmal draußen auf dem Gang ein Scharren und Klappern. Im nächsten Moment wurde die schwere Zellentür geöffnet und Maik betrat breitbeinig den engen Raum. Er war unrasiert und trug noch die Klamotten von gestern.

»Na, gut geschlafen?«

»Wie spät ist es denn?«

»Später als du denkst. Hier drin verliert man schnell das Zeitgefühl.«

Benny wusste nicht, ob er mit hier drin das Präsidium im Allgemeinen oder die spärlich beleuchtete Zelle im Besonderen meinte. Er wusste nur, dass er das Missverständnis aufklären musste.

»Hör mal, ich weiß nicht, was dir gestohlen wurde, aber du hast den Falschen ... mein Vater arbeitet bei der Sparkasse als Kreditberater und meine Mutter macht von daheim aus ein bisschen Buchhaltung, wir haben jetzt nicht wirklich viel Geld oder so ...«

Maik schüttelte den Kopf. »Du weißt vieles nicht über deine Eltern, Kleiner, aber das musst du auch gar nicht. Wenn dein Vater vernünftig ist, klärt sich das alles bald auf und du kannst wieder nach Hause.«

Benny schluckte. »Und wenn ... also, wenn mein Vater nicht ...«

169

»Daran solltet du lieber gar nicht erst denken«, erwiderte Maik und verzog den Mund zu einem bitteren Lächeln. »Musst du mal pissen?«

Benny nickte und erhob sich langsam. Es fühlte sich an, als bewege er sich unter Wasser. An seinen Armen und Beinen schienen unsichtbare Gewichte zu hängen. Das ist bestimmt der Schock, dachte er, und im nächsten Moment dann an die endlosen Diskussionen mit seinen Eltern. An die Forderungen seines Vaters. An das ewige Herumgenerve seiner Mutter. Das alles, wurde ihm auf einmal klar, spielte jetzt keine Rolle mehr, und vielleicht würde es das auch nie wieder tun. Wieder spürte er, wie ihm die Tränen kamen, kämpfte sie aber zurück und taumelte in Richtung der Gefangenentoilette. Durch die offenstehende Tür zum Außengang sah er Sonnenlicht durch die hohen Fenster fallen, es musste schon etwas später am Vormittag sein. Maik hatte Recht gehabt, sein Zeitgefühl war vollkommen im Eimer.

Benny erleichterte sich über demselben zerschlagenen Pinkelbecken, das er gestern schon benutzt hatte. Er trug seine Sneakers und war auch ansonsten vollständig bekleidet. Er warf einen Blick über die Schulter und stellte fest, dass Maik ihm nicht gefolgt war, er kniete vor der Zellentür und wühlte in seinem Rucksack herum. Ohne aufzusehen, sagte er: »Wir müssen ein Foto von dir machen.«

Benny verspürte einen Impuls und folgte ihm sofort.

Mit zwei großen Schritten war er an dem überraschten Maik vorbei und stand auf dem sonnenbeschienenen Flur. Eine Sekunde lang wusste er nicht, wohin er rennen sollte, dann lief er einfach los. Hatte er sich eben noch wie gelähmt gefühlt, mobilisierte sein Körper jetzt offenbar sämtliche Reserven zur Flucht.

»Hey! Komm sofort zurück!«, hörte er Maik hinter sich schreien, aber im nächsten Moment bog er schon um die Ecke und erreichte einen der langen Büroflure: rechts eine Zimmerflucht und links die auf den großen Innenhof hinausgehenden hohen Fenster. Wenn er es bis zum Treppenhaus schaffte, konnte er vielleicht im Erdgeschoss durch ein Fenster ins Freie gelangen.

Benny nahm den ersten Treppenabgang, der in Sicht kam, auch weil er bereits Maiks schnelle Schritte hinter sich näherkommen hörte. Er nahm immer mehrere Stufen auf einmal, sprang ab, wäre beinahe gestolpert und fing sich wieder.

Im Erdgeschoss rannte er in den ersten Raum zu seiner Linken, einem Büro mit weit offenstehender Tür, hohen Decken und Fenstern, durch dessen verschmutzte Scheiben er den äußeren Hof sehen konnte. Euphorie packte ihn. Er würde es schaffen. Er würde hier rauskommen. Benny rüttelte an dem altmodischen Fensterhebel, trockener Lack bröselte vom Fensterrahmen auf seine Hände, dann aber bewegte sich der Verschluss knarrend. Er konnte schon die leichte Brise auf seinen Unterarmen spüren, als das Fenster sich endlich einen Spaltbreit öffnen ließ, dann aber wurde er mit brachialer Gewalt von hinten gepackt und auf den Boden geworfen.

***

Der Junge hatte ihn tatsächlich übertölpelt. Ihn ausgetrickst. Er war ihm entkommen. Bei seiner Flucht hatte er dann allerdings das Erwartbare getan und war vollkommen kopflos losgestürmt, sodass Maik ihn rechtzeitig stellen konnte. Aber es war knapp gewesen, verdammt knapp, und das würde er dem kleinen Scheißer nicht einfach so durchgehen lassen.

Benny lag auf dem Rücken in einem Sonnenfleck, der durch das Fenster auf den abgetretenen Zimmerboden fiel. Er atmete schwer, hatte sich auf die angewinkelten Ellenbogen gestützt und sah sich panisch um, wie ein Tier, das in einer Falle feststeckte.

»Steh auf!«, brüllte Maik und riss den Jungen auf die Füße.

Kaum, dass er vor ihm stand, holte Maik aus und schlug ihm ins Gesicht. Der Junge drehte sich einmal um die eigene Achse und stürzte dann erneut zu Boden. Er bekam die Arme im Fallen gerade noch nach oben, um nicht mit dem Gesicht aufzuschlagen.

Als Maik ihn abermals packte und auf die Beine zerrte, wimmerte er. Seine Unterlippe war aufgeplatzt und blutete, seine Beine zitterten. Maik überlegte, ob er ihm noch eine verpassen sollte, aber seine Wut war schon wieder verraucht und der Junge würde jetzt garantiert nichts mehr versuchen.

»So, und jetzt machen wir Fotos!«

Maik trieb Benny vor sich her. Wenn es ihm zu langsam ging, versetzte er ihm einen Schlag mit der flachen Hand in den Rücken, unter dem der Junge jedes Mal zusammenzuckte wie unter einem Elektroschock. In der Zelle ließ er ihn sich so vor die gekachelte Wand stellen, dass man später unmöglich würde sagen können, wo das Bild aufgenommen worden war. Das malträtierte Gesicht seines Opfers – die geschwollene Lippe, das Blut am Kinn, die verheulten Augen, das alles würde seinen Forderungen Nachdruck verleihen, dabei hatte er ursprünglich gar nicht vorgehabt, ihn zu schlagen.

Benny zog Rotze die Nase hoch und stöhnte.

»Hast du dir alles selbst zuzuschreiben, Kleiner, also heul jetzt hier nicht rum.«

»Das … das ist alles nur ein Missverständnis, wirklich …«, jammerte Benny.

»Ein Scheiß ist es und jetzt halt die Schnauze.« Maik holte das Handy des Jungen hervor, das er ihm gestern Abend abgenommen hatte, und sah ihn fragend an. »Die PIN?«

Benny schloss die Augen und schwieg.

»Okay, wie du willst.«

Maiks Arm schoss vor, seine Hand umklammerte den Hals des Jungen, wobei sich Daumen und Zeigefinger in die weichen Stellen unterhalb des Kiefers bohrten und die übrigen Finger auf Bennys Kehlkopf drückten. Er riss die Augen auf, wollte etwas sagen, bekam aber nur ein atemloses Krächzen heraus.

»Die PIN«, wiederholte Maik ganz ruhig, während der Junge röchelte.

Als er ihn wieder losließ, schnappte Benny nach Luft, griff sich an den Hals und nannte ihm dann einen vierstelligen Zahlencode.

»Na also, geht doch.«

***

Etwa um dieselbe Zeit erwachte Thomas Danzer mit einem Brummschädel in seinem Bett in Groß-Gerau.

Verwundert stellte er fest, dass seine Frau nicht neben ihm lag. Trotz aller Probleme hatten sie bis jetzt zumindest jede Nacht das Bett miteinander geteilt, auch wenn sich außer Schlafen darin sonst nicht mehr viel abspielte. Heute früh jedoch war Petras Seite noch genauso ordentlich gemacht wie am Vorabend, als er mit reichlich Schlagseite schlafen gegangen war.

Thomas drehte den Kopf langsam auf die andere Seite, wo sein Radiowecker stand. Die roten Ziffern auf dem Display zeigten genau 10:00 Uhr an, die Sonne fiel durch die nur zu einem Drittel heruntergelassene Jalousie. Er würde diesen Tag brauchen, um seinen Kater auszukurieren und wieder auf die Beine zu kommen. Er streckte sich und schwang die Beine auf den Teppichboden, setzte sich wie ein Rekonvaleszenter an den Bettrand und stellte zu seiner Erleichterung fest, dass die Kopfschmerzen zwar immer noch da waren, aber zumindest nicht schlimmer wurden, wenn er sich bewegte.

Das Gespräch mit Steffen fiel ihm wieder ein. Er hatte sich geärgert, dass er ihn übergangen und vor vollendete Tatsachen gestellt hatte, aber jetzt fand er den Gedanken, dass Steffen sich um alles kümmern würde, gar nicht mehr schlimm. Es fühlte sich sogar ein bisschen so an, als habe er selbst mit der ganzen Sache nur noch mittelbar zu tun. Die Tasche mit den Drogen war aus dem Haus und von den Kontakten für den Verkauf wusste er auch nichts. Steffen wollte den Großteil des Geldes einstecken, 60% zuzüglich der dreitausend Euro, die er Udo Jaruzelski bezahlt hatte. Was am Ende für ihn selbst dabei heraussprang, würde wahrscheinlich nur reichen, um seine katastrophale Situation ein paar Wochen länger zu verschleiern. Die ganze Sache war eine irrwitzige Schnapsidee, von der er hoffte, dass sie bald ein Ende haben würde.

Thomas machte barfuß ein paar Schritte, stand schließlich in Shorts und T-Shirt halb im Schlafzimmer und halb im Flur und hielt sich am Türrahmen fest. Im Haus war alles still. Er schloss die Augen einen Moment, was gegen das Schwindelgefühl half, dann ging er ins Badezimmer. Er wusch sich das Gesicht, spülte den Mund aus und sah in den Spiegel über dem Waschbecken. Seine Haare standen in alle Richtungen ab, die Augen waren blutunterlaufen. Dunkle Bartstoppeln am Kinn und auf der Wange.

Thomas überlegte, ob er sich gleich rasieren und anschließend unter die Dusche gehen sollte, entschied sich dann aber doch dafür, erstmal Kaffee aufzustellen. Er schlich an Bennys Zimmer vorbei, aus dem natürlich noch nichts zu hören war, und stieg langsam die Treppe hinunter.

In der Küche zog er die Glaskanne unter der Maschine hervor und wunderte sich, dass sie noch zu einem Drittel mit kalt gewordenem Kaffee gefüllt war. Er erinnerte sich trotz seines Zustandes deutlich daran, dass er die Kanne am gestrigen Morgen ausgespült hatte. Offenbar hatte sich Petra gestern Nachmittag oder am Abend noch mal Kaffee aufgestellt und dann vergessen.

Thomas leerte die Kanne in der Spüle aus, und ging ins Wohnzimmer, wo er seine Frau schlafend auf der Couch vorfand. Sie lag auf dem Rücken, die blonden Haare wie ein Fächer auf dem Sofakissen ausgebreitet, einen angewinkelten Arm über die Augen gelegt. Auf dem Couchtisch daneben stand eine leere Tasse, unter dem Tisch lagen ihre Schuhe. Er kehrte zurück in die Küche und befüllte die Kanne mit frischem Wasser. Anschließend wartete er mit geschlossenen Augen an die Arbeitsplatte gelehnt, bis der Kaffee durch war, dann schenkte er zwei Tassen ein und ging wieder hinüber ins Wohnzimmer.

Petra war offenbar von den Geräuschen aus der Küche schon halb aufgewacht, jedenfalls blinzelte sie ihn leicht verschlafen an, als er sich über die Rückenlehne des Sofas zu ihr herunterbeugte und einen der beiden Becher anbot.

»Was«, krächzte sie, »was machst du denn da?«

»Ich wohne auch hier, schon vergessen?«, entgegnete Thomas, woraufhin er ein verwirrtes Kopfschütteln erntete.

»Das meine ich nicht...« Petra nahm die Tasse entgegen, nippte daran und schloss die Augen wieder.

»Wach erstmal richtig auf, ich gehe so lange duschen.«

Thomas war schon fast aus dem Zimmer, als Petra ihn noch einmal zurückrief. »Warte...warte doch mal...«

Er blieb stehen und drehte sich mit gerunzelter Stirn zu ihr um.

»Ich bin hier unten eingeschlafen ... ich wollte eigentlich auf Benny warten ... Wo ist Benny?«

»In seinem Zimmer nehme ich an? Um die Uhrzeit wahrscheinlich noch im Tiefschlaf.«

»Geh nachschauen!«

»Bitte?«

»Geh nachschauen, jetzt gleich, sofort!«

Thomas wusste nicht, wie er den dringlichen Ton in Petras Stimme deuten sollten. »Hast du schlecht geträumt?«

Sie schüttelte den Kopf und als sie ihn jetzt ansah, war etwas in ihrem Blick, das Thomas überhaupt nicht gefiel. Er stellte seinen Kaffeebecher ab, ging nach oben und öffnete vorsichtig die Tür zu Bennys Zimmer. Der Rollladen vor dem großen Fenster war nicht heruntergelassen, die Jalousie nicht geschlossen. Thomas sah das zerwühlte Bettzeug, die leeren Chipstüten, die Flasche Cola, den Teller ...

»Benny? Bist du da?« Er machte einen Schritt in den Raum und spürte, wie das Gefühl einer unbestimmten Bedrohung in ihm aufstieg. Benny war nicht da. Bevor er einen klaren Gedanken fassen konnte, hörte er Schritte hinter sich auf der Treppe.

»Ist er da?« Petra drängte sich an ihm vorbei in den Raum und sah sich um, dann schlug sie langsam die Hände vor den Mund.

Thomas hatte das Gefühl, als würde sein Kopf gleich zerspringen. Seine Kopfschmerzen waren wieder da, jemand trieb ihm unsichtbare Nägel in die Stirn. Er brauchte dringend ein Aspirin.

»Ich hätte ihn nicht mit diesem Typ weggehen lassen dürfen«, sagte Petra mehr zu sich selbst als zu ihm.

»Von was redest du da?«

Petra schüttelte nur den Kopf. Sie hatte Tränen in den Augen. Auf einmal fiel Thomas ein, was dieser Jaruzelski gestern gesagt hatte. Sie sollten hoffen, dass man ihnen noch nicht auf die Spur gekommen war...

»Was für ein Typ, Petra?«

»Da war so ein... Penner... Benny hat ihn wohl bei uns in der Gartenhütte übernachten lassen...«

»Er hat was!?«

»Jetzt tu bloß nicht so!«, schrie Petra ihn an, und kam mit geballten Fäusten auf ihn zu. »Du hast dich mit Steffen zulaufen lassen, du warst überhaupt nicht da, nie bist du da, wenn... und ich muss... ich...«

Der Anflug von Aggressivität wich wieder aus ihrer Stimme. Petra öffnete die Fäuste und ließ die Schultern hängen. »Was machen wir denn jetzt?«

Thomas hatte keine Ahnung. Er musste nachdenken, was mit den hämmernden Kopfschmerzen nicht ganz einfach war. Vor allem musste er die Idee aus seinem Hirn bekommen, dass Bennys Verschwinden etwas mit den Drogen zu tun hatte. Es war alles sicher nur ein blöder Zufall. Ganz sicher war es das.

»Ich muss was gegen meine Kopfschmerzen nehmen. Willst du mir dann vielleicht erzählen, was gestern los war?«

Petra nickte.

In der Küche löste Thomas zwei Tabletten Aspirin in einem Wasserglas auf, während Petra ihr Handy checkte, in der Hoffnung, dass Benny vielleicht eine Nachricht hinterlassen hatte. Sie scrollte durch die letzten Anrufe und Nachrichten, dann legte sie das Smartphone enttäuscht beiseite.

»Schaust du auch mal bei dir nach?«, fragte sie Thomas, der gerade noch einmal mit Wasser nachspülte. Er glaubte zwar nicht, dass sein Sohn ausgerechnet ihn kontaktiert hatte, nahm aber trotzdem sein Telefon zur Hand.

Er hatte tatsächlich eine neue Nachricht. Petra sah ihn mit gespannter Ängstlichkeit an. »Und?«

»Ist von Benny«, sagte Thomas und spürte, wie sich köstliche Erleichterung in ihm ausbreitete. Benny war versackt, hatte den letzten Zug verpasst, bei einem Kumpel geschlafen – irgendwas in dieser Richtung würde in der Nachricht stehen, alles war gut.

»Gott sei dank!« Petra schloss die Augen und massierte sich die Nasenwurzel mit Daumen und Zeigefinger. »Was schreibt er?«

»Er schreibt, dass...« Thomas sah zuerst das Foto, auf dem Benny erschöpft und ängstlich in die Kamera schaute, sein Gesicht glänzte schweißig, seine Unterlippe war aufgesprungen, jemand musste ihn geschlagen haben. Unter dem Bild standen drei kurze Sätze: *Du hast etwas, das mir gehört. Ich habe deinen Sohn. Wollen wir tauschen?*

»Was ist denn nun mit Benny?« Petra versuchte auf das Display des Handys zu sehen, aber Thomas machte einen Ausfallschritt und entzog es ihr. »Hey, was ist denn? Lass mich das sehen!«

»Es ist... alles... in Ordnung«, stammelte Thomas.

»Lass mich das sehen!«

»Petra, bitte, das ist...«

Thomas wich noch einen Schritt zurück, aber er hatte nicht damit gerechnet, dass seine Frau sich im nächsten Moment regelrecht auf ihn stürzen würde. Durch die Kopfschmerzen geschwächt und in seinem Reaktionsvermögen eingeschränkt, konnte er dem plötzlichen Angriff nicht standhalten und taumelte gegen die Wand.

Petra entwand ihm das Handy, entfernte sich damit ein paar Schritte und studierte das Display.

Thomas schloss die Augen. Als er sie wieder öffnete, stand Petra zitternd in der Mitte der Küche, das Handy immer noch in der Hand. Ungläubig starrte sie auf das Foto. Ohne den Blick davon abzuwenden, fragte sie mit tonloser Stimme: »Was hast du getan, Thomas? Was? Was hast du gemacht?«

Thomas sagte zunächst nichts. Sein Kopf war vollkommen leer, bis auf den Schmerz zwischen seinen Augen, der noch nicht nennenswert nachgelassen hatte. Er sank auf einen Küchenstuhl, die Hände im Schoß, den Blick auf die Tischplatte gerichtet.

***

Petra sah ihren Mann am Küchentisch zusammensinken. Er wirkte wie jemand, dem man von einem Moment auf den anderen sämtlichen Lebensmut geraubt hatte. Den Stecker gezogen. Deshalb schrie sie ihn auch nicht an, was sie durchaus gern getan hätte, aber es würde jetzt nichts bringen. Sie würde nur die hysterische Zicke geben und er den ausgebrannten Schweiger. Was Petra aber jetzt mehr als alles andere brauchte, waren Antworten.

»Thomas«, sagte sie mit leiser, unsteter Stimme. »Du musst mir jetzt alles erzählen, okay?«

Sie sah, wie er den Kopf hob und sie aus seinen blutunterlaufenen Augen ansah und gleichzeitig nicht ansah. Er schien durch sie hindurch zu sehen auf etwas in weiter Ferne, das nur für ihn sichtbar war. Für den Bruchteil einer Sekunde war sich Petra Danzer sicher, dass ihr Mann verrückt geworden war, den Verstand verloren hatte, aber dann räusperte er sich und nickte ein paarmal kurz hintereinander, wie jemand, der einen Entschluss gefasst hatte.

»Die Bank hat mich schon vor Wochen…freigestellt, also eigentlich haben sie mich rausgeschmissen…«

Damit hatte Petra nicht gerechnet. Dieses Geständnis rief sofort tausend neue Fragen hervor, aber sie entschied sich dafür, erst einmal zu schweigen.

»Willst du wissen warum?« Thomas sah sie an, als erwarte er, jeden Moment geohrfeigt zu werden.

Petra nickte.

»Ich habe Geld unterschlagen, ein paar Transfers vorgenommen, die leider aufgeflogen sind.«

»Du hast gezockt?«

Thomas schüttelte den Kopf. »Einer meiner Kunden hat sich letztes Jahr umgebracht.«

»Davon hast du gar nichts erzählt…«

»Hätte es dich denn interessiert?«

Petra wollte erst gegen die Frage protestieren, ließ es dann aber sein.

»Auf jeden Fall hatte der Mann jede Menge Schulden und die Kreditverträge wurden durch seine Frau mitunterschrieben. Sollte man nicht machen, aber sie hat es eben getan und haftete jetzt dafür. Als alleinstehende Mutter von drei kleinen Kindern mit einer noch nicht abbezahlten Immobilie im Taunus, dazu die Kredite. Allein die Zinsen jeden Monat…«

»Warum hat der Mann sich denn umgebracht?«

Thomas zuckte die Schultern. »Keine Ahnung, warum bringen sich Menschen um? Vielleicht, weil sie das Leben einfach nicht mehr aushalten…«

Petra schüttelte den Kopf, darüber wollte sie jetzt nicht reden. »Und konntest du… konntest du der Frau helfen?«

»Ich habe einfach ein paar Umbuchungen vorgenommen. Es gibt Leute, die merken es überhaupt nicht, wenn ein paar Tausend Euro nicht mehr da sind, und dann gibt es andere, die ihr Leben lang... verstehst du... kein Bein mehr auf den Boden bekommen.«

Petra wusste nicht, mit was sie gerechnet hatte, aber damit definitiv nicht. Thomas war kein Raubtier-Banker wie Steffen, das wussten alle, die ihn auch nur ein bisschen kannten. Aber das? Ihr Mann war das moderne Pendant zu dem, was ihre Großmutter früher immer einen Bankbeamten genannt hatte. Seriös, verbindlich, risikoscheu und ein bisschen langweilig. Beinahe hätte sie gelacht, so absurd kam ihr das auf einmal alles vor.

»Das ist alles nicht fair, verstehst du? Ein Scheißspiel, ein elendes Scheißspiel, das ist es.« Thomas schlug mit der flachen Hand auf die Tischplatte.

»Und da hast du dir gedacht, du schwingst dich mal eben zum Robin Hood der Finanzwelt auf, verstehe ich das richtig?«

Thomas sah sie verletzt an. Nach einer Weile sagte er: »Nenn es, wie du willst, jedenfalls bin ich meine Anstellung los und wahrscheinlich zerrt man mich auch noch vor Gericht.«

»Dann war das nicht das einzige Mal, dass du... Umbuchungen zugunsten anderer vorgenommen hast?«

Thomas schüttelte den Kopf. »Und weißt du was? Ich würde es wieder tun.«

Petra ging nicht darauf ein, sondern deutete mit zitternden Fingern auf das Handy. »Und das hier? Was hat das damit zu tun?«

Die Geschichte, die ihr Thomas daraufhin erzählte, war dermaßen verrückt, dass sie nur wahr sein konnte. Dass Steffen mit in der Sache drin hing, wunderte sie kein bisschen. Das Verhalten der beiden ergab jetzt zumindest einen Sinn. Tatsächlich fragte sie sich, wie es eigentlich hatte sein können, dass sie von alldem nichts mitbekommen hatte. Vielleicht hatte sie es einfach nicht sehen wollen, dass es schon längst nicht mehr nur um ihre Eheprobleme und die ungeklärte Zukunft ihres Sohnes ging. Bei dem Gedanken an Benny wurde ihr übel vor Angst. Worauf hatte sich Thomas da nur eingelassen? Er hatte sie alle in Gefahr gebracht. In Lebensgefahr. Und sie? Sie hätte gestern noch Schlimmeres verhindern können, wenn sie Benny nur nicht hätte gehen lassen.

»Was machen wir denn jetzt?« Petras Stimme war nur ein Flüstern, aber Thomas reagierte sofort.

»Ich schreibe jetzt diesem Kerl, dass er bekommt, was er will. Dann gibt es keinen Grund, dass er Benny...«, Thomas schluckte, »dass er ihm noch mehr wehtut...«

Petra schob ihm das Handy über den Tisch. Sie wollte das Foto ihres Sohnes nicht noch einmal ansehen. Sie wollte nur, dass das alles wieder aufhörte.

***

Maik hatte Benny gerade wieder in der Zelle eingeschlossen, als das Handy des Jungen den Eingang einer Nachricht meldete.

Sie bekommen, was sie wollen, hatte Thomas Danzer geschrieben, *bitte teilen Sie mir mit, wohin ich die Tasche bringen soll. Es gibt keinen Grund, unserem Sohn etwas anzutun.*

Maik entwich ein humorloses Lachen. Der besorgte Vater, die besorgte Mutter. Beide hatten nicht die geringste Ahnung, in welchen Schwierigkeiten der Kleine gesteckt hatte, weil sie zu sehr mit ihrem eigenen Mist beschäftigt waren.

Sie haben die Tasche mit der Ware bei sich?, tippte Maik und schickte die Nachricht ab.

Die Antwort kam postwendend: *Nicht bei mir, aber ich hole sie jetzt.*

Das hatte er sich schon gedacht, schließlich hatte er diesen Danzer ja selbst dabei beobachtet, wie er die Tasche weggebracht hatte.

Melden Sie sich dann, tippte Maik und fügte hinzu: *Die Polizei zu informieren, wäre übrigens eine ganz schlechte Idee.* Darunter setzte er nochmals das Foto des verängstigten Benny.

Maik überlegte, wie er weiter vorgehen sollte, die Frist lief morgen ab, eine Verlängerung würde es nicht geben. Er durfte jetzt keinen Fehler machen.

Vor der Zellentür blieb er stehen, schlug zweimal gegen das kalte Türblatt und rief: »Sieht gut für dich aus, bald hast du's geschafft, dein Vater scheint ein vernünftiger Mann zu sein.«

Aus dem Inneren der Zelle drang nichts nach draußen und Maik begann mal wieder, seine Sachen zu packen.

***

Tati hatte die Nase voll. Wenn hier jeder neuerdings machte, was er wollte, würde sie das jetzt auch tun. Sie hatte sich krankgemeldet und den besten Champagner aufgemacht, den sie in Steffens Spezialitäten-Kühlschrank finden konnte.

Die Flasche Veuve Clicquot hatte ihr Mann von einem französischen Geschäftsfreund geschenkt bekommen und für einen besonderen Moment aufheben wollen.

Pech gehabt, Steffen. Ihr besonderer Moment war heute. Hier und jetzt.

Gegen elf Uhr hatte sie schon gehörig einen sitzen und tanzte barfuß auf dem Wohnzimmerteppich zu *It's my life* von Bon Jovi, als sie mit halboffenen Augen einen Schatten über die Terrasse huschen sah. Sie hielt erschrocken inne, aber da war niemand. Tati nahm das Sektglas vom Wohnzimmertisch und trank noch einen Schluck, drehte sich wieder zur Terrassentür um und schrie auf, das Glas glitt ihr aus den Fingern und schlug dumpf auf dem Teppichboden auf, ein Schwall Champagner landete auf ihrem Fußrücken.

Der Mann hatte die Hände ans Fensterglas gelegt und drückte sich die Nase an der Scheibe platt. Tatis Herz galoppierte, dann erkannte sie, wer da draußen stand, drehte die Musik leiser und öffnete die Terrassentür.

»Herrgott, Thomas, spinnst du, mich so zu erschrecken? Warum klingelst du denn nicht einfach vorne?«, zischte sie ihn mit leicht verwaschener Aussprache an.

»Das habe ich, aber du hörst ja nichts!«

Tati sah ihn forschend an, es dauerte einen Moment, bis sie kapierte, was er meinte. »Ach so, ja, die Musik...«

»Ist Steffen da? Ich habe versucht, ihn anzurufen, aber er geht nicht an sein Handy!«

»Ja, das sieht ihm ähnlich. Komm doch erstmal rein. Auch was trinken?«

Sie ging ins Wohnzimmer, drehte sich aber noch mal kurz zu ihrem unerwarteten Gast um und sah, wie Thomas kurz die Augen schloss und wieder öffnete, als müsse er Kraft schöpfen, dann folgte er ihr ins Haus.

»Ich will nichts trinken, ich muss mit Steffen reden, und zwar jetzt sofort!«

Tati hob das Glas vom Boden auf und begutachtete es, dann schenkte sie sich erneut ein, nahm einen Schluck, und sah Thomas mit unstetem Blick an.

»Ihr seid alle so gehetzt in letzter Zeit, das ist doch scheiße, ist das doch...«

»Tati, ich muss jetzt wirklich …«

»Nein, nein, nein …« Tati hob den Zeigefinger und wackelte damit vor Thomas' Gesicht herum, wie eine Lehrerin, die einen unartigen Schüler maßregelt. Sie würde jetzt die Gelegenheit nutzen und etwas klären, dass ihr schon lange zu schaffen macht, sie war gerade in der richtigen Stimmung.

»So!«, sagte Tati und fügte entschieden hinzu: »Jetzt bin ich mal dran …«

Statt einer Frage legte sie Thomas die Arme in den Nacken und küsste ihn. Sie versuchte, mit ihrer Zunge in seinen Mund einzudringen, aber er presste die Lippen zusammen und gab unwillige Geräusche von sich. Also doch, dachte sie, also doch.

Als nächstes spürte sie einen Stoß gegen die Schultern und wäre fast umgefallen, sie stolperte rückwärts über den Teppich und fing sich im letzten Moment wieder.

»Was soll denn das jetzt, verdammt noch mal!« Thomas schrie sie an und hielt die Hände abwehrbereit vor sich ausgestreckt. »Du bist ja total betrunken!«

»Ja, und?«, schrie Tati. »Gestern ihr, heute ich, anders hält man das hier doch gar nicht mehr aus!«

»Dafür habe ich jetzt wirklich keine Zeit …«

»Natürlich nicht, dafür hat ja nie jemand Zeit von euch …« Tati ließ sich theatralisch auf die Knie sinken, das leere Sektglas noch in den Händen.

Sie sah mit Tränen in den Augen zu Thomas auf, der unruhig auf der Stelle trat und sich im Wohnzimmer umsah, als suche er etwas.

»Ich muss dich jetzt was fragen, und ich will … ich will«, Tati hob erneut den Finger, »ich will, dass du mir die Wahrheit sagst!«

»Okay, was willst du wissen?«, antwortete Thomas kurz angebunden.

»Aber du muss mir Wahrheit sagen...«, lallte Tati. Ein leichter Schwindel erfasste sie.

»Ich sage dir die Wahrheit, aber dann musst du mir auch sagen, wo Steffen ist!«

»Okay, ich schwöre«, sie formte mit den Fingern das Victoryzeichen und streckte mit heiligem Ernst den Arm in die Luft. »Du und Scheffen – sei ihr schwul?«

***

»Was? Nein, wie kommst du denn da drauf?« Thomas traute seinen Ohren nicht.

»Ich dachte nur...«, sagte Tati mit hängendem Kopf. Die Frau seines Freundes war vollkommen hinüber. »Und mir ist schlecht, ganz furchtbar...«

Thomas sah mit Entsetzen, wie Tati schwankend auf die Beine kam und ins Badezimmer taumelte. Auf einmal war er sich sicher, dass sie jeden Moment vornüberfallen würde, aber dann stieß sie die Tür zur Toilette auf und torkelte in den kleinen Raum. Einen Moment lang war es still, dann hörte er sie würgen.

Steffens BMW-Cabrio stand nicht in der Auffahrt und so wie Tati sich aufführte, hatte er ihr offenbar nicht gesagt, wohin er unterwegs war. Es hatte wohl einen Streit gegeben. Ein furchtbarer Verdacht machte sich in Thomas breit.

Er warf einen Blick ins Bad, wo Tati vor der Toilettenschüssel kauerte und sich mit dem Handrücken über den Mund fuhr.

»Alles in Ordnung?«

Tati antwortete nicht, sondern beugte sich wieder über die Schüssel und begann zu würgen. Thomas konnte sich jetzt nicht darum kümmern, er ging die Treppe in den Keller hinunter.

In Steffens Domizil roch es nach kaltem Rauch, Schweiß und Alkohol. Thomas öffnete das Versteck unter dem Tresen und fand seine schlimmsten Befürchtungen bestätigt, der Hohlraum war leer, die Tasche weg.

Sämtliche Kraft wich mit einem Schlag aus seinem Körper. Wie eine Marionette, deren Fäden man durchtrennt hatte, sank er auf dem Boden hinter dem Tresen zusammen. Steffen zog die Sache alleine durch und er würde seinen Sohn nie wieder sehen.

Es war vorbei. Alles war vorbei. Er konnte einfach hier hinter der Theke sitzen bleiben, denn auf alles, was jetzt folgte, hatte er keinen Einfluss mehr.

Er wusste nicht, wie viel Zeit vergangen war, als er jemanden in den Keller kommen hörte. Erst dachte er, dass Steffen zurück sei mit einer Tasche voller Geld und guter Laune, aber dann sah er, wie sich Tatis Gesicht über den Tresen schob. Ihr Make-up war verlaufen und die Augen glasig vom Alkohol.

»Ach, da bissu ja…« Sie lallte, aber ansonsten schien es ihr wieder etwas besser zu gehen. »Isch hab schon gedacht, du bis weg…«

Weg, dachte Thomas, ja, am liebsten wäre er das: ganz weit weg. Oder tot.

»Ich weiß nich, wo der Scheißkerl hin ist, der ist einfach so…« Tati wedelte mit einer Hand in der Luft herum. »Is einfach so abgehaut, hat 'ne Tasche gepackt und ist…«

Nein, dachte Thomas bitter, die Tasche war schon gepackt. Er überlegte, ob er ihr alles erzählen sollte, bezweifelte aber, dass sie in ihrem Zustand die Zusammenhänge durchschauen würde. Die Lage war jetzt schon verfahren genug.

»Warte mal...« Tati schien etwas eingefallen zu sein. Sie verließ den Keller mit kleinen Schritten, die sie vorsichtig setzte, blieb eine Zeit lang verschwunden und kehrte dann mit ihrem Smartphone zurück.

Sie legte das Gerät auf den Tresen und tippte konzentriert auf dem Display herum. Thomas sah ihr mit zunehmendem Interesse dabei zu.

»Was machst du da?«

»Hab's gleich«, nuschelte Tati und rief dann triumphierend aus: »Nauheim! Vor einer halben Stunde!«

»Was?«

»Steffen hat sein Handy ausgemacht, aber vor einer halben Stunde war es zuletzt in Nauheim online...«

Thomas schüttelte den Kopf. »Du hast eine Tracking-App, mit der du sein Handy orten kannst?«

»Klar, er kann ja mein Smartphone auch orten.« Tati zuckte die Achseln. »Das Geheimnis einer erfolgreichen Ehe, die auf Liebe und Vertrauen aufgebaut ist...«

Thomas achtete nicht auf den ironischen Unterton, er fragte sich, was Steffen in Nauheim zu suchen hatte. »Kannst du sehen, wo er da war?«

»Tankstelle«, sagte Tati, ohne ein weiteres Mal auf das Display zu sehen.

»Und das war...«

»Vor einer halben Stunde...so ungefähr.« Tati stützte die Ellenbogen auf den Tresen und bettete ihren Kopf in die Hände.

»Und du kannst nicht sehen, wo er jetzt ist?«

»Erst, wenn er's wieder anmacht...«

Thomas versuchte nachzudenken. Vielleicht gab es doch noch einen Ausweg, wenn er Steffen rechtzeitig abpassen konnte.

»Tati?«

»Hm?«

»Leihst du mir mal dein Handy?«

***

Der Mann mit dem verfilzten Bart vor Steffen durchsuchte seine Taschen nach Kleingeld.

»Ich hab's gleich ...«, murmelte er und legte ein paar Cent-Stücke in die Geldschale.

»Das reicht aber nicht«, sagte der Kassierer kopfschüttelnd. »Da ist noch Pfand drauf.

»Ach ja, natürlich.« Der Mann kratzte sich am Kopf und begann erneut in seinen Hosentaschen nach Kleingeld zu suchen.

Die Frau hinter Steffen stieß ein entnervtes Schnauben aus. Sie trug ein tiefausgeschnittenes Sommerkleid, hohe Schuhe und hatte reichlich Parfüm aufgetragen. Der Kassierer sah zu ihnen herüber und hob entschuldigend die Arme.

Der BMW hätte es wahrscheinlich auch ohne Tankstopp bis ans Ziel geschafft, aber vielleicht nicht mehr zurück. Steffen hatte außerdem noch genügend Zeit, also hatte er an der Nauheimer Tankstelle angehalten und das Cabrio vollgetankt. Die Übergabeinformationen, die ihm die Käufer übermittelt hatten, waren kurz und bündig und ließen keinen Widerspruch zu. Er hatte darüber nachgedacht, Thomas mitzunehmen, aber sich dann dagegen entschieden, wahrscheinlich wäre sein Freund eher eine zusätzliche Belastung gewesen als eine Unterstützung.

Der Mann vor ihm versuchte immer noch das Geld für die Dose Bier, die er aus dem Kühlfach genommen hatte, zusammenzukratzen. Steffen wurde langsam unruhig, was allerdings nicht an dem Mann lag, sondern der Tatsache geschuldet war, dass er genau vor dem Ständer mit den kleinen Cognac- und Whisky-Fläschchen stand und jetzt nichts gegen einen kleinen Nerven-Beruhiger einzuwenden gehabt hätte. Sein Verstand riet ihm allerdings dringend, den anstehenden Deal stocknüchtern über die Bühne zu bringen. Ohne jemanden, der ihm den Rücken deckte, war die Sache schließlich schon haarig genug.

Die Frau hinter ihm drehte sich in Richtung Fenster und gestikulierte. Heiko sah draußen einen sportiven Mitvierziger im hellen Leinensakko an einem Porsche Coupé lehnen, er hob den linken Arm und klopfte energisch mit dem Zeigefinger der rechten Hand auf sein Handgelenk.

Die Tür ging auf und ein langhaariger Typ in Motorradkluft kam herein und stellte sich hinter der Frau an. Steffen streckte die Hand nach einem der Cognac-Fläschchen aus und zog sie ruckartig wieder zurück, als habe er sich die Finger verbrannt.

Der Kassierer zählte die Münzen auf dem Geldteller ab und schüttelte erneut den Kopf. »Da fehlen immer noch fünf Cent.«

»Herrgott noch mal«, zischte die parfümierte Frau. Der Motorradfahrer lächelte geduldig.

Ein dicker Familienvater kam herein, seine beiden Kinder stürmten sofort an die Tiefkühltruhe mit dem Eis.

»Dürfen wir, bitte, dürfen wir, bitte dürfen wir?«

Die schrillen Kinderstimmen bohrten sich in Steffens Ohren. Das Parfüm der Frau drohte ihn zu ersticken. Wieder streckte er die Hand nach dem Cognac aus, da hörte er es scheppern.

Der Mann mit dem Bart hatte aus Versehen die Schale mitsamt des Kleingelds vom Tresen gewischt. »Das tut mir leid«, stammelte er und bückte sich umständlich, um die Münzen wieder einzusammeln.

»Das glaube ich jetzt nicht!«, schrie die Frau. Der Motorradfahrer lachte. Die Kinder hoben erschrocken die Köpfe, aus der
geöffneten Tiefkühltruhe stieg Dampf auf.

Der Bärtige rutschte auf dem Boden herum, ein paar Cent-
Münzen waren unter ein Regal gerollt. Die Tür ging auf, der
geschniegelte Porschefahrer kam herein und fragte, was denn
hier verdammt noch mal so lang dauere. Der Biker warf ihm
einen abschätzigen Blick zu, der dicke Familienvater rief seine
Kinder zu sich.

Scheiß drauf, dachte Steffen, schnappte sich ein Fläschchen
Cognac und einen Mini-Whisky und trat einen Schritt nach
vorn. Er half dem bärtigen Mann auf die Beine, legte die beiden Fläschchen auf den Tresen und sagte: »Ich zahle das hier, die
Nummer 3 und das Bier für den jungen Herrn auch.«

Der Bärtige bedankte sich überschwänglich, Steffen gab ihm
die Dose und nickte gönnerhaft. Dem Kassierer stand die Erleichterung ins Gesicht geschrieben. Auf einmal war es ganz still in
dem Verkaufsraum. Auf dem Weg nach draußen grinste ihn der
Biker an. Der Porschefahrer verzog missbilligend das Gesicht.

Zwischen den Tanksäulen stand die Hitze des Sommertags.
Die Diskrepanz zu der klimatisierten Kühle im Verkaufsraum
verstärkte den Hitzeschock noch. Der Geruch nach Benzin und
Abgasen lag in der Luft. Die parfümierte Frau stöckelte hinter
ihrem Freund aus dem Verkaufsraum und stieg in den Porsche.

Steffen ließ sich in den Fahrersitz des BMW sinken, legte
die Hände aufs Lenkrad und schloss einen Moment die Augen.
Er nahm die beiden Fläschchen vom Beifahrersitz und deponierte sie im Handschuhfach – für später. Er hatte sich an Udos
Anweisung gehalten und das Prepaidhandy entsorgt, sein eige-
nes Smartphone klemmte in der Freisprechhalterung auf der
Mittelkonsole. Steffen stellte es aus, sicher war sicher.

Er startete den Wagen und fädelte sich in den Verkehr ein. An der Ampel bog er nach links ab und folgte der sich windenden Straße nach Trebur.

***

Petra Danzer dachte zuerst, ihre überreizten Sinne würden ihr einen Streich spielen, aber auch nachdem sie ihre Augen fest geschlossen und wieder geöffnet hatte, stand der Mann noch immer auf dem Rasen hinterm Haus. Er trug dieselbe Montur wie am gestrigen Morgen, zerschlissene Jeans, ein schweißfleckiges kariertes Hemd und den bescheuerten Strohhut. Er sah direkt zur ihr ins Wohnzimmer, wo sie hinter der Terrassentüre stand und ungläubig in den Garten starrte.

Thomas war noch nicht zurück, und der Typ auf dem Rasen sah sie einfach nur an, nicht besonders freundlich, aber auch nicht wirklich bösartig – er sah aus wie jemand, der eine dringende Erledigung zu machen hatten. Über seiner Schulter baumelte ein kleiner Rucksack. Während Petra noch überlegte, was sie tun sollte, setzte sich der Mann in Bewegung und kam die Steintreppe herauf und blieb vor der verschlossenen Terrassentür stehen. Jetzt lächelte er.

Petra riss die Terrassentür auf und schrie den Mann an: »Wo ist mein Sohn!?«

Der Mann blieb stehen, nickte zufrieden und fragte ganz ruhig, ob er reinkommen dürfe.

»Habe ich denn eine andere Wahl?«

»Eher nicht.«

Petra ging beiseite und der Mann betrat das Wohnzimmer.

»Wo ist Benny?«

»Wo ist Ihr Mann?«

»Der holt die Tasche, Sie bekommen alles wieder …«

Der Mann nickte erneut, sah sich um und deutete mit dem Kopf in den Flur. »Wo geht's da hin?«

»Nach oben«, antwortete Petra wahrheitsgemäß. »Da … da sind unsere Schlaf- und Arbeitszimmer und natürlich das Zimmer von Benny … er ist unser einziger Sohn!«

In den Fernsehkrimis hieß es immer, man solle einem Geiselnehmer gegenüber so oft wie möglich den Namen seines Opfers erwähnen, um einer gefühlsmäßigen Anonymisierung vorzubeugen. Petra hatte keine Ahnung, ob das wirklich funktionierte, wollte es aber zumindest versuchen.

Maik lächelte versonnen, als habe er ihre Strategie durchschaut, und sagte: »Ich weiß, wie Ihr Sohn heißt. Ich weiß einiges über ihn. Tatsächlich weiß ich sehr viel mehr über Benny als Sie und Ihr Mann.«

»Wie … meinen Sie das?«

»Immer mit der Ruhe. Wenn das hier alles so läuft, wie es laufen sollte, können Sie ihn das bald selbst fragen.«

Bevor Petra etwas antworten konnte, klingelte es an der Haustür. Der Dreiton-Gong ließ sowohl sie als auch den Mann zusammenzucken.

»Wer ist das?«, stieß Maik hervor.

»Woher soll ich das wissen? Keine Ahnung!«, entgegnete Petra panisch.

Maik legte einen Finger vor die Lippen, dann standen sie schweigend und warteten. Der Gong ertönte ein zweites Mal.

Die Zeit dehnte sich. Petra wusste nicht, wie lange sie sich schon so gegenüberstanden. Der Mann sah ihr die ganze Zeit unverwandt in die Augen, sodass sie irgendwann den Blick senkte und flüsterte: »Ich glaube, da ist niemand mehr …«

Gerade als Maik den Mund öffnete, um etwas zu erwidern, gongte es erneut – diesmal mehrfach hintereinander. Offenbar hielt der ungebetene Besucher draußen vor der Tür den Finger nun dauerhaft auf den Klingelknopf gedrückt, was eine Kaskade aus nervtötendem Ging-Gong-Ging-Gong zur Folge hatte.

»Wer. Ist. Das?« Maik packte Petra unsanft am Arm.

»Ich weiß es doch nicht…«

»Wenn dein Mann hier irgendeine Scheiße abzieht…«

Petra schüttelte den Kopf, sie spürte, wie sich die Finger des Mannes in ihren Oberarm bohrten. Tränen stiegen ihr in die Augen.

»So eine Scheiße«, fluchte der Mann, ließ sie aber los. Stattdessen griff er in den Rucksack und holte eine Pistole hervor. Petra stockte der Atem.

»Du öffnest jetzt die Tür und siehst zu, dass du den Besucher da draußen abwimmelst, ist das klar?«

»Ja, vollkommen. Klar.« Petra ging in den Flur, gefolgt von Maik, der die Pistole in der Hand hielt.

Durch die gerahmte abgetönte Scheibe in der Haustür konnte man die Silhouette einer Person erkennen. Maik drückte sich in die Ecke neben dem Eingang, sodass er von außen nicht zu sehen war, die Pistole jetzt im Anschlag.

Petra öffnete die Tür. Ihre Hände zitterten, das Herz schlug ihr bis zum Hals, die Tränen hatten eine feuchte Spur auf ihren Wangen hinterlassen.

»Warum verschwindest du einfach, ohne mit mir zu sprechen?« Bernhard Milde trug einen beigen Leinenanzug, ein gebügeltes rosafarbenes Hemd, und sprach mit bebender Stimme.

»Bitte«, sagte Petra, »das ist jetzt kein guter Zeitpunkt. Geh einfach wieder, wir klären das ein anderes Mal, ganz sicher, aber jetzt musst du gehen…«

»Nein!«, entgegnete der Homöopath bestimmt. »Nein, nein, nein, wir klären das jetzt sofort. Du und ich – und dein Mann!«

»Bernhard ...«, setzte Petra an, um ihn zu beschwichtigen, aber da spürte sie schon, wie ihr Liebhaber sie beiseiteschob und in den Flur trat.

»Herr Danzer?!« rief er aufs Geratewohl ins Haus hinein. »Herr Danzer, ich muss mit Ihnen reden!«

Petra taumelte gegen die Wand, eine Sekunde lang glaubte sie, in Ohnmacht zu fallen, kleine schwarze Punkte tanzten vor ihren Augen, aber dann klarte sich ihr Blick wieder auf und sie sah, wie der Mann aus der Ecke herauskam, die Haustür schloss und sagte: »Der gute Herr Danzer ist ein sehr gefragter Mann in diesen Tagen, ich schätze, Sie müssen sich hinten anstellen.«

Petra stöhnte. Der Homöopath drehte sich erstaunt um und sah mit offenem Mund in den Lauf der Waffe, die Maik auf ihn gerichtet hielt.

***

Thomas Danzer parkte den Wagen vor seinem Haus, stieg aber nicht aus, sondern verharrte mit beiden Händen am Lenkrad auf dem Fahrersitz. Beiläufig stellte er fest, dass seine Kopfschmerzen endlich besser geworden waren, das Ziehen in den Schläfen war noch da, aber das Hämmern hinter der Stirn hatte sich fast vollkommen verflüchtigt. Damit war natürlich nur das allerkleinste seiner Probleme gelöst, für alle anderen gab es leider keine Tabletten. Petra würde ihm das nie verzeihen. Und wenn Benny tatsächlich etwas passierte ...

Denk da jetzt nicht dran, beschwor er sich selbst. Nicht dran denken. Nicht jetzt.

Thomas nahm Tatis Handy vom Beifahrersitz und checkte die Tracking-App – nichts. Steffen hatte sein Smartphone offenbar immer noch ausgeschaltet.

Er stieg aus dem Wagen mit Tatis Handy in der Hand und betrat sein Haus.

»Petra? Ich bin wieder da…«

Thomas Danzer sah im Gehen noch mal auf das Display, hob an der Türschwelle zum Wohnzimmer den Kopf und sah seine Frau mit weitaufgerissenen Augen auf der Couch sitzen. Neben ihr saß ein drahtiger Mann im beigen Sommeranzug mit einem Gesichtsausdruck, als müsse er sich jeden Moment übergeben.

»Was? Wer ist denn das?«, fragte Thomas perplex.

Statt seiner Frau antwortete eine Stimme aus dem Hintergrund. »Das«, sagte die Stimme, »ist der Grund, warum Ihre reizende Frau so oft joggen geht.«

Thomas drehte sich um und sah einen Mann in Jeans, Hemd und einem Hut auf dem Kopf in der Ecke des Wohnzimmers stehen, die man nicht einsehen konnte, wenn man den Raum vom Flur aus betrat. Der Mann hielt eine Pistole in der Hand und zielte damit auf Petra und den Typ auf der Couch.

»Und wer sind Sie?«, fragte Thomas, obwohl er die Antwort auf diese Frage schon zu kennen glaubte.

»Schön, dass wir uns endlich mal persönlich kennenlernen, Herr Danzer«, sagte der Mann mit gespielter Freundlichkeit. »Und jetzt hätte ich gern wieder, was Ihnen unrechtmäßig zugelaufen ist. Dann können Sie hier in Ruhe Ihre eigenen Probleme klären, bevor Ihr Sohn wieder nach Hause kommt.«

In Thomas' Kopf überschlugen sich die Gedanken. Was machte der Entführer hier, und wer war der Typ auf der Couch?

»Oh … ich … ich dachte, wir reden noch mal, wegen der … der Übergabe … und so?«

»Kleine Kurskorrektur, ich will nur verhindern, dass Sie vielleicht auf dumme Gedanken kommen.«

»Tue ich nicht!« Thomas schüttelte energisch den Kopf. »Es ist nur so ... es ist etwas passiert, mit dem ich nicht rechnen konnte, aber es gibt vielleicht noch eine Möglichkeit ...«

Der Schlag traf Thomas vollkommen unvorbereitet. Er hatte nur eine schnelle Bewegung wahrgenommen, dann war die Faust des Mannes schon in seinem Gesicht gelandet. Die Wucht des Schlags riss ihn von den Füßen. Er spürte, wie sich ein Zahn lockerte und Blut in seinem Mund sammelte.

Thomas hielt die linke Hand über die schmerzende Lippe, die rechte Hand streckte er in einem schwachen Abwehrversuch dem Mann entgegen, der über ihm aufragte und die Pistole jetzt auf ihn gerichtet hielt. Er hörte, wie der andere Mann, der auf der Couch neben seiner Frau saß, jammerte, dass er doch mit der ganzen Sache gar nichts zu tun habe, und wie Petra schluchzte.

»Fresse halten!«, schrie der Mann mit der Pistole. »Ihr haltet jetzt alle die Fresse!«

Niemand sagte ein Wort. Der Entführer schien zu überlegen, was er als nächstes tun sollte, er sah sich gehetzt im Zimmer um, als liege die Lösung für seine Probleme hier irgendwo versteckt.

»Ich würde gern etwas sagen ...«, begann Thomas vorsichtig und rechnete schon fast damit, erneut geschlagen zu werden, da lachte der Mann.

»Ach ja? Der Herr Danzer will was sagen? Na, dann lass mal hören, vielleicht lasse ich euch ja dann am Leben.«

Bevor Thomas antworten konnte, mischte sich der Typ auf der Couch wieder ein.

»Ich weiß überhaupt nicht, um was es hier geht, bitte lassen Sie mich doch gehen!«

Der Mann mit der Pistole ignorierte das Gejammere und wandte sich wieder Thomas zu.

»Steh auf!«

Thomas erhob sich. »Das Handy da…« Er deutete auf Tatis Smartphone, das ihm bei dem Angriff aus der Hand gefallen und über den Boden an die Wand geschlittert war. »Auf dem Handy ist eine Tracking-App und da ist auch die Tasche…«

Der Mann sah kurz zur Wand, dann sah er Thomas misstrauisch an. »Ach ja?«

»Ja, mein… mein Partner hat die Tasche und will die Drogen verkaufen…«

»Heb das Ding auf und gib es her.«

Thomas tat, was ihm der Mann befohlen hatte. »Leider hat Steffen sein Handy wohl ausgeschaltet, deshalb weiß ich nicht, wo er hin ist, aber sobald er es wieder…«

»Halt mal die Klappe jetzt.« Der Mann legte das Handy auf den Esstisch und tippte auf dem Display herum, in der anderen Hand hielt er immer noch die Pistole, die er abwechselnd auf Thomas und die beiden auf der Couch richtete.

Petra vergrub das Gesicht in den Händen. Der unbekannte Mann auf der Couch schielte zur Terrassentür, schien aber Gott sei Dank nicht den Mut zu einem Fluchtversuch zu haben. Thomas zweifelte nicht daran, dass der Entführer sie alle erschießen würde, wenn er nicht an seine Tasche kam. An das, was dann mit Benny passieren würde, wollte er gar nicht denken.

***

Steffen nahm hinter Trebur die Straße in Richtung Rhein. Als er den Ort verlassen hatte, verengte sich die Fahrbahn zu einem Feldweg mit gepflasterten Abschnitten, der zwischen Weiden und Äckern auf den Winterdamm zulief. Vereinzelt waren Radfahrer unterwegs, einmal kam ihm der Lieferwagen einer Landmetzgerei entgegen, sodass er das Tempo drosseln musste.

Schließlich setzte er über den Winterdamm, folgte der Straße und kam an den Mauern und dem mannshohen Gittertor des Hofguts Hohenau vorbei. Ein hochaufgeschossener Mann mit struppigen langen Haaren, die er zu einem dünnen Zopf zusammengebunden hatte, stieg dort gerade aus einem grünen Land Rover und warf ihm einen kritischen Blick zu. Steffen ignorierte ihn, fuhr weiter durch ein kurzes bewaldetes Flurstück und gelangte zu einem Schotterparkplatz direkt am Fluss.

Der Steindamm am Rhein war ein beliebtes Ausflugsziel. Hier mischten sich an Sonn- und Feiertagen Motorradfahrer, Kiffer und Möchtegern-Hippies mit Altrhein-Anglern, Campern und biederen Kleinfamilien auf Fahrrädern.

Heute standen auf dem Parkplatz vor dem grob gepflasterten Steindamm nur wenige Autos und ein Wohnmobil. Wenn man den schmalen Damm überquert hatte, gelangte man auf die langgezogene Rheininsel Langenau. Weiter vorne gab es dann einen Biergarten mit Kiosk und dahinter einen Campingplatz.

Steffen stellte den BMW ab, stieg aus und sah sich ratlos um. Irgendwo musste es hier ein altes Pumpenhaus geben, jedenfalls hatten seine Kontaktleute das behauptet. Er solle sich links auf den Sommerdamm begeben, dann würde er schon sehen.

Er lief ein Stück zurück zur Biegung, aber der Weg, der dort vor dem geschotterten Platz nach links auf den Sommerdamm führen sollte, war gar kein Weg, sondern bewaldetes Unterholz, das hinter einem hüfthohen Holzzaun leicht anstieg.

Steffen fluchte. Das ergab alles keinen Sinn. Der Rhein schimmerte im Sonnenlicht und er stand hier mit einer Tasche voller Koks im Kofferraum und wusste nicht wohin.

Zurück in seinem Wagen griff er ins Handschuhfach, schraubte den Verschluss des kleinen Cognac-Fläschchens auf und schüttete sich die Hälfte davon in den Mund. Der billige Branntwein ätzte im Hals, verbreitete aber auch eine erlösende Wärme hinterm Brustbein. Steffen sah durch die Windschutzscheibe auf den Fluss, dann zog er das Handy aus der Halterung und schaltete es ein.

Auf den Karten im Internet war kein Pumpenhaus am Steindamm verzeichnet. Dafür war aber der Abschnitt hinter der Biegung deutlich als Verlauf des Sommerdamms gekennzeichnet.

Okay, dachte Steffen, dann halt so.

Er trank den Rest des Cognacs, dann stieg er aus und holte die Tasche aus dem Kofferraum. An der Biegung stieg er durch den Zaun und kämpfte sich durch das Gestrüpp.

Nach wenigen Schritten im Unterholz gelangte er tatsächlich auf einen höher gelegenen Dammweg, dem er problemlos folgen konnte, hier war es schattig und die Luft roch frisch nach Wald und Erde.

Zu seiner Rechten musste sich irgendwo der Rhein befinden, der aber durch die dichtwachsende Vegetation nicht zu sehen war. Nach einer Weile lichtete sich der Weg vor ihm und gab den Blick frei auf ein gemauertes Häuschen, das direkt an den Damm gebaut war. Ursprünglich hatte dieses Häuschen wohl einmal als Pumpwerk gedient, um die landwirtschaftlichen Nutzflächen zwischen Winter- und Sommerdamm zu entwässern, wenn der Rhein das Grundwasser zu stark ansteigen ließ. Steffen erinnerte sich dunkel an einen Lehrer, der sie in der Schule mit derartig langweiligem Kram gequält hatte.

Das Haus, dem er sich jetzt vorsichtig näherte, schien aber irgendwann in ein Wohnhaus umgebaut worden zu sein. Mit den grünen Holzklappläden vor den Fenstern und dem überdachten Treppchen, das zur Haustüre führte, wirkte das gemauerte Gebäude wie ein Hexenhäuschen aus den Märchen der Gebrüder Grimm. Von einer Hexe war hier aber weit und breit nichts zu sehen, das Haus lag verlassen am Damm.

Klar, dachte Steffen auf einmal. Die Hexe sitzt ja auch da drin wie die Spinne im Netz und wartet auf dich. Trotz der sommerlichen Temperaturen breitete sich eine Gänsehaut auf seinen Unterarmen aus. Die Sache hier war einfach bizarr. Türen und Fensterläden waren alle geschlossen. Im Inneren des Hauses musste es stockdunkel sein, es sei denn, es gab da drin Licht.

Er schloss die Augen und lauschte. Vögel zwitscherten und irgendwo brummte ein Motorboot auf dem Rhein. Auf der anderen Seite des Damms befand sich das Ufer des Altrheinarms. Ein hölzerner Nachen dümpelte im flachen Wasser vor sich hin.

Die offensichtliche Idylle des Ortes passte so gar nicht zu dem Drogendeal, der hier vonstattengehen sollte. Aber vielleicht war ja genau das der Plan seiner Kontaktleute. Alte Fabrikgebäude, aufgegebene Bahnhöfe, Hafenanlagen bei Nacht – an solche Orte dachte jeder, wenn er an illegale Geschäfte dachte, aber an ein gemauertes altes Pumpenhaus am Rhein? Eher nicht.

Unterhalb des Häuschens gab es einen befahrbaren Weg ins Hinterland, in der Ferne lag ein Bauernhof. Auch hier war nichts zu sehen. Steffen stieg den Damm hinunter in den kleinen unbefestigten Garten, hier hatte jemand Holz aufgeschichtet wie für ein Lagerfeuer.

Die Fensterläden an der Seite des Hauses waren ebenfalls geschlossen, auf der Rückseite gab es weitere Fenster, auch diese waren verrammelt. Er umrundete das Haus einmal und stieg wieder auf den Damm. Die Tasche mit dem Kokain trug er die ganze Zeit bei sich.

Schließlich stand Steffen wieder vor den Treppenstufen zur Eingangstür. Er ging die Stufen hinauf und klopfte dreimal kräftig gegen das Türblatt.

***

Maik sah den roten Punkt auf der Karte aufleuchten. Wenn dieser Danzer ihn nicht verarschte, war dort also die Tasche mit dem Koks. Da war der Rhein und ein Kaff namens Trebur. Er hatte keine Ahnung, wo das sein sollte.

»Steindamm«, las er von der Karte ab. »Weiß einer von euch, wo das ist?«

»Nicht weit von hier am Rhein«, antwortete Danzer, der vorsichtig mit den Fingern die aufgesprungene Lippe betastete. Seine Frau und der Homöopath saßen wie festgefroren auf der Couch. Maik war nicht entgangen, dass der heimliche Liebhaber nach einem Fluchtweg suchte, und hatte sich schon darauf vorbereitet, ihn, wenn nötig, ins Bein zu schießen. Das hätte dann allerdings dazu geführt, dass man den Schuss in der ganzen Nachbarschaft gehört hätte, weswegen er es lieber vermeiden wollte.

»Ich muss mal ... dringend«, hörte er Petra Danzer eingeschüchtert sagen. »Bitte?«

Maik ignorierte die Frage. Die Sache hier konnte jetzt jede Minute aus dem Ruder laufen. Es waren einfach viel zu viele Leute in den Mist hier geraten.

»Haben Sie nicht gehört, die Dame muss auf die Toilette!« Der Homöopath hatte sich aufgerichtet und sah aufmüpfig zu ihm rüber. Thomas Danzer warf ihm dafür einen scharfen Blick zu.

Maik dirigierte ihn rüber zur Couch, sodass er alle drei im Blick hatte, dann ging er zu dem Homöopathen und schlug im ansatzlos eine kurze Gerade auf die Nase.

»Ich hab dir doch gesagt, du sollst die Fresse halten, oder?«

Der Mann hielt sich die Hand vor die Nase und wimmerte. Er starrte Maik erschrocken an, dann betrachtete er ungläubig seine blutverschmierte Hand. Petra Danzer fing wieder an zu heulen, über das Gesicht ihres Mannes hingegen meinte er ein kleines Lächeln huschen zu sehen. Maik fragte sich, wer von den beiden Typen das größere Arschloch war, dann traf er eine Entscheidung.

»Habt ihr einen Keller?«

Thomas Danzer nickte.

»Gut«, sagte Maik, »dann darf Frau Danzer jetzt noch mal für Prinzessinnen und dann gehen wir alle zusammen in den Keller.«

Niemand widersprach oder traute sich, eine Frage zu stellen. Er ließ die drei im Gänsemarsch in den Flur marschieren, warf einen Blick in die kleine Gästetoilette und winkte die Frau hinein.

Im Keller gab es neben einem Vorrats- und Partyraum auch eine Waschküche, in der Wäscheleinen gespannt waren, am Ende des Raumes führte eine Tür in den fensterlosen Heizungskeller.

»Da rein«, herrschte Maik seine Gefangenen an, hielt aber Thomas Danzer zurück, als er seiner Frau und dem Homöopathen folgen wollte. »Du nicht.«

»Hören Sie mir bitte zu«, sagte Danzer und hob beschwörend die Hände, »das ist alles meine Schuld, und ich werde dafür geradestehen, aber bitte lassen Sie meine Familie... tun Sie meiner Frau und meinem Sohn nichts an.«

Maik sah dem Banker in die blutunterlaufenen Augen. Schweiß glänzte auf seiner Stirn, die geschwollene Lippe sah aus wie eine aufgeplatzte Rindswurst. Petra Danzer und ihr Liebhaber sahen nicht viel besser aus. Sie kauerten verängstigt in dem engen Keller neben dem Heizungstank.

Maik schüttelte müde den Kopf. »Schöne Familie seid ihr. Du kennst deine Frau nicht, deine Frau kennt dich nicht, und was euer Sohn so treibt, davon habt ihr beide keine Ahnung.«

»Das ist doch nicht…«, setzte Thomas Danzer zu einer Verteidigungsrede an, seine Frau versuchte es erst gar nicht.

»Pass auf«, unterbrach ihn Maik, »mich interessiert das alles nicht, das Einzige, was mich interessiert, ist die Tasche mit dem Koks, klar? Wenn ich die habe, seid ihr mich los und könnt machen, was ihr wollt. Also los jetzt!«

Maik schloss die Tür zum Heizungskeller ab und dirigierte den Banker mit vorgehaltener Pistole nach oben.

***

Steffen klopfte erneut, dann lauschte er, aber außer den Vögeln und dem schneidenden Geräusch einer Motorsäge in der Ferne konnte er nichts hören. Im Haus war alles still.

Er trat einen Schritt zurück auf die unterste Treppenstufe, und als hätte er damit einen geheimen Code ausgelöst, öffnete sich langsam die Tür. Ein alter Mann in einem blauen mit Ölflecken übersäten Arbeitsoverall steckte den Kopf heraus und musterte Steffen freundlich.

»Haben Sie geklopft?«

»Ja, aber ich glaube, ich bin hier falsch…«

Der Alte kratzte sich an der unrasierten Wange und fragte: »Wo wollen Sie denn hin?«

»Gibt es hier vielleicht noch so ein Pumpenhaus?«

»Noch ein Pumpenhaus? Nein, und das hier ist ja genau genommen auch kein Pumpenhaus mehr, ist schon seit den siebziger Jahren bewohnbar gemacht, wollen Sie mal sehen?«

Der Alte öffnete die Tür ein bisschen weiter und Steffen sah einen kahlen Raum im Halbdunkel liegen. Im hinteren Teil gab es rechter Hand einen offenen Durchgang und links eine Tür, die wohl zu dem rückwärtigen Zimmer führte, dessen Fenster er vorhin bei seiner Hausumrundung gesehen hatte.

»Nein, lassen Sie mal gut sein, das hilft mir nicht weiter.« Steffen drehte sich um und wollte schon gehen, da sagte der Alte: »Aber vielleicht hilft es mir ja weiter.«

»Wie bitte?« Mit einem ungläubigen Lächeln im Gesicht wandte er sich wieder dem Haus zu.

Der Alte lächelte auch, stand auf der Türschwelle und hielt eine Pistole in der Hand, mit der er auf Steffens Bauch zielte. »Vielleicht wollen Sie ja doch mal reinkommen?«

Steffen erstarrte, das Lächeln des alten Mannes verschwand. »Ich bin sogar fest davon überzeugt, dass Sie mal reinkommen wollen, Sie etwa nicht?«

»Doch, doch«, entgegnete Steffen und machte einen Schritt auf das Haus zu.

Nachdem er den Raum hinter der Haustür betreten hatte, schloss der Alte die Tür wieder und verrammelte sie umständlich. Das Türschloss war ramponiert, als wäre es vor Kurzem aufgebrochen worden, warum hatte ihn das eigentlich nicht von Anfang an stutzig gemacht?

Der Raum lag im schattigen Halbdunkel, durch die Schlitze zwischen den Holzklappläden fiel Sonnenlicht, Staubkörnchen tanzten in der Luft. Das Zimmer war bis auf ein paar an die Seite gerückten Möbel leer.

»Tja, Herr Kleinschmidt«, sagte der Alte entschuldigend, »wir haben uns diesen Ort hier nur vorübergehend und ohne das Wissen seines eigentlichen Besitzers ausgeborgt. Da gibt es leider immer Kollateralschäden.«

Steffen schluckte. »Woher … woher wissen Sie, wie ich heiße? Wer ich bin?«

Der Alte lächelte verschmitzt, dann riss er die Augen auf und schlug vollkommen unvermittelt einen überspitzt theatralischen Ton an: »Zwar weiß ich viel, doch möchte ich alles wissen!«

Steffen lachte trocken. Er fragte sich ernsthaft, ob er einem Wahnsinnigen in die Falle gegangen war und sich hinter der geschlossenen Tür auf der anderen Seite des Raums vielleicht die Überreste seiner bisherigen Opfer befanden – kleingehackt und in blaue Mülltüten verpackt.

Aber hellsehen konnten auch Wahnsinnige nicht, egal wie wahnsinnig sie waren, und der Alte mit dem Zottelbart kannte seinen Namen.

Wie um Steffens Gedanken zu bestätigen, fuhr der Mann jetzt wieder in normalem Ton fort und fragte nüchtern: »Wollen Sie alles wissen, Herr Kleinschmidt? Hm? Wollen Sie das wirklich?«

»Nein. Ich will eigentlich nur das hier verkaufen.« Er hob die Tasche ein Stück an.

»Natürlich wollen Sie das. Verkaufen wollen sie alle.«

»Und wie geht es jetzt weiter?«

Der Alte hob die Schultern. »Keine Ahnung, ich bin nur so etwas wie die Vorhut, der Mann fürs Grobe, wenn Sie verstehen, was ich meine.«

»Also ehrlich gesagt …«

Der Alte zog einen Stuhl hinter sich aus der Ecke hervor und schob ihn in die Mitte des Raums. Es war ein alter Wirtshausstuhl aus dunklem Holz.

»Setzen«, sagte der Alte leise.

»Und dann?«

»Dann warten wir.«

Steffen wollte fragen, worauf sie warteten, spürte aber instinktiv, dass das keine gute Frage war. Vielleicht, weil er die Antwort darauf gar nicht wissen wollte.

***

Thomas Danzer steuerte den BMW auf den Winterdamm und bremste ab, weil eine Gruppe Radfahrer kreuzte. Er ließ die Scheibe des Fahrerfensters herunter, frische warme Sommerluft strömte ins Innere des Wagens, und er atmete tief durch. Einer der Radler hob beim Vorüberfahren die Hand zum Dank.

Sein Entführer beobachtete jede seiner Bewegungen misstrauisch, die ganze Fahrt über hatte er die Pistole in Bauchhöhe auf ihn gerichtet.

»Glauben Sie wirklich, ich würde versuchen zu fliehen, solange Sie meinen Sohn irgendwo gefangen halten?«, fragte Thomas ihn betont ruhig, als er über den Damm setzte und sie sich der Kurve, hinter der das Hofgut Hohenau lag, näherten.

»Ich glaube gar nichts, ich gehe aber auch kein Risiko ein.«

Thomas nickte. Das hohe Gittertor des Hofguts war geschlossen, zwei Jungs rannten schreiend über den Innenhof, ein genervter Mann in Bundeswehrhose und schwarzem Hemd rief ihnen etwas hinterher. Hinter der nächsten Biegung lag bereits der Schotterparkplatz vor dem Steindamm.

Thomas sah Steffens BMW-Cabrio sofort.

»Da sind wir«, sagte er und deutete auf das Auto: »Und da ist der Wagen meines ... Partners.«

Beim Aussteigen steckte der Entführer seine Pistole in den Hosenbund und ließ das Hemd darüber hängen. Er inspizierte das Cabrio und auch Thomas warf einen Blick in den Wagen. Auf dem Beifahrersitz lag ein leeres Mini-Fläschchen Cognac, wie man es an Tankstellen zu kaufen bekam. Offenbar hatte Steffen sich Mut angetrunken.

Der Mann mit der Pistole studierte das Display des Handys, lief ein paar Schritte in Richtung Rheinufer, kehrte wieder zurück und runzelte die Stirn.

»Ich verstehe das nicht, das Signal kommt von da…« Er deutete in das bewaldete Gebiet hinter der Wegbiegung.

»Vielleicht hat er das Handy weggeworfen«, sagte Thomas und hoffte, dass es nicht so war.

»Geh mal vor«, knurrte der Mann und Thomas machte sich auf den Weg, stieg durch den Holzzaun und sah den zugewachsenen Sommerdamm.

»Da ist ein Weg, zumindest so etwas Ähnliches…«

Nach wenigen Metern auf dem Damm sahen sie ein gemauertes Häuschen vor dem ein schwarzer Van mit getönten Scheiben stand.

Thomas spürte die Hand des Entführers auf seiner Schulter. »Langsam,« zischte er, »ganz langsam jetzt, sonst sind wir beide im Arsch.«

Thomas fühlte, wie seine Knie weich wurden. Er rechnete jeden Moment damit, dass jemand mit einer Riesenknarre aus dem Unterholz hervorbrach und das Feuer eröffnete, sie einfach niedermähte.

Rata-tata-tat, machte es in seinem Kopf. *Rata-tata-tat*.

Bestimmt saß jemand in dem Van, der sie schon die ganze Zeit im Blick hatte und nur noch auf den richtigen Moment wartete, um die Sache endgültig zu Ende zu bringen.

Sie hatten das Häuschen fast erreicht, als der Mann seine Pistole aus dem Hosenbund zog und abstoppte. Thomas blieb ebenfalls stehen, aber der Mann winkte ihn weiter.

»Du gehst jetzt da rein«, sagte er kühl.

»Aber ...« Thomas traute seinen Ohren nicht. »Wir wissen doch gar nicht, wer da drin ist ...«

»Genau deshalb gehst ja auch du rein und nicht ich. Wenn du Glück hast, verhandelt dein Freund noch.«

»Und wenn nicht?«

»Geh jetzt.«

***

Maik sah dem Banker nach, wie er sich mit unsicheren Schritten dem kleinen Häuschen näherte. Die Chancen, an das Koks zu kommen, waren in dem Moment gesunken, als er den Van mit dem ausländischen Kennzeichen gesehen hatte. Die potenziellen Käufer waren schon da und würden sich wahrscheinlich nicht so einfach abwimmeln lassen.

Seine einzige Hoffnung bestand darin, dass das Auftauchen des Bankers eine derart große Irritation auslöste, dass ihnen die Sache am Ende doch zu heiß wurde. Natürlich war es möglich, dass dabei jemand auf der Strecke blieb – aber Maik würde alles dafür tun, dass nicht er dieser jemand war.

Neben dem Haus unterhalb des Damms gab es noch einen niedrigeren gemauerten Anbau, der wie ein Stall oder ein Lager wirkte. Maik stieg den Damm hinunter, die hohen Wände des Hauses ragten wie eine Trutzburg vor ihm auf, die Fenster waren alle mit Holzklappläden verschlossen. Die Tür des Anbaus war mit einem Vorhängeschloss gesichert, jenseits des Baus lag ein kleiner Wald, der sich von hier aus wahrscheinlich bis an die hinteren Mauern des Hofguts, das sie auf der Herfahrt passiert hatten, erstreckte. Er überlegte, ob er sich dort im Unterholz verstecken sollte, entschied sich aber nach kurzem Zaudern dagegen. Er würde zu wenig davon mitbekommen, was sich im Haus und davor tat.

Maik presste sich an die Grundmauern des Hauses, damit er nicht zu sehen sein würde, falls doch jemand einen Blick aus einem der Fenster nach draußen werfen sollte. Er spähte um die Hausecke, dort war auf einer offenen Wiese ein Lagerfeuer aus aufgestellten Holzscheiten vorbereitet, durch die Bäume hindurch sah er den Van auf dem Damm stehen, und zu seiner Überraschung jetzt auch noch ein Motorrad, eine Enduro, die vorher offenbar durch den Kleinlaster verdeckt gewesen war.

Er wollte sich schon ein Stück weiter ums Haus herumbewegen, als eine Gestalt in Lederkombi und einem Helm auf dem Kopf von der Rheinseite her auf den Damm kam und das Motorrad aus seinem Blickfeld schob. Maik zuckte zurück, einen unterdrückten Fluch auf den Lippen. Der Biker hatte nicht zu ihm heruntergeschaut, aber wirklich sicher konnte er sich da natürlich nicht sein.

Er verharrte eine Zeit lang mit dem Rücken an die Hausmauer gepresst, spürte, wie ihm der Schweiß die Wirbelsäule herunterlief und sein Herz klopfte. Der Stress der letzten Tage setzte ihm zu, laugte ihn aus und erschöpfte ihn – und jetzt stand alles, buchstäblich alles auf dem Spiel. Er versuchte nachzudenken, einen Plan zu entwickeln, aber die Situation war einfach zu verworren.

Irgendwann stieß er sich von der Mauer ab und schlich sich um das Haus herum auf den Damm. Der Van stand noch an der alten Stelle, aber das Motorrad war samt Fahrer verschwunden.

Das kann nicht sein, dachte Maik noch, dann hörte er, wie hinter ihm jemand seinen Namen flüsterte. Er wollte sich nach dem Unbekannten umdrehen, aber die Stimme in seinem Rücken sagte: »Das würde ich jetzt an deiner Stelle eher nicht tun.«

Maik erstarrte, er spürte den Atem seines Verfolgers im Nacken und eine Klinge an seinem Hals.

»Und jetzt lass die Pistole fallen.«

Maik tat es. Er schloss die Augen. Es war aus. Aus und vorbei.

***

Thomas klopfte einmal schüchtern an das Türblatt und sah sich um, aber von seinem Entführer war nichts mehr zu sehen. Er klopfte erneut. Jetzt hörte er Schritte im Inneren und spürte, wie sein Magen rebellierte. Er wollte nicht hier sein, er wollte das nicht tun, aber es blieb ihm nichts anderes übrig.

Der Anblick des alten Mannes, der ihm die Tür öffnete, sorgte dafür, dass sich Thomas fast augenblicklich entspannte. Er schätzte den Alten auf mindestens siebzig Jahre, er trug einen struppigen, ungepflegten Bart und lächelte ihn leicht dümmlich an.

»Ja? Kann ich behilflich sein?«

Beinahe hätte Thomas gelacht. »Ich weiß nicht recht ...«

»Suchen Sie jemanden?«

Thomas stutzte.

»Vielleicht Ihren Freund?«

»Woher ...«

»Den Herrn Kleinschmidt?« Der Alte grinste und entblößte ein tadelloses Gebiss. »Dann kommen Sie doch mal rein.«

Thomas betrat das Haus und der alte Mann schloss die Tür wieder. Im Halbdunkel erkannte er drei Männer, die an der gegenüberliegenden Wand lehnten und zu ihm herübersahen.

Die auffälligste Gestalt war der schlaksige Anzugsträger in der Mitte. Er sah gar nicht zu Thomas herüber, wie er zunächst gedacht hatte, sondern hatte den Blick zu Boden gerichtet und inspizierte seine Schuhe. Er beugte sich nach vorn und wischte die Spitzen mit dem Finger sauber, dann erhob er sich und seufzte gequält.

Flankiert wurde der Anzugsträger von zwei gedrungenen glatz-köpfigen Männern, die in ihren Trainingshosen und Sportjacken aussahen wie die Türsteher eines drittklassigen Bordells. Einer der beiden kaute Kaugummi, der andere grinste die ganze Zeit.

»Wo ... wo ist denn Steffen?«, fragte Thomas.

Statt einer Antwort trat der Anzugsträger beiseite und gab den Blick frei auf die Tür, die in den hinteren Raum führte. Thomas sah ratlos von einem zum anderen, der alte Mann nickte und der kaugummikauende Glatzkopf öffnete die Tür.

»Nun geh schon, damit wir hier endlich fertig werden!«, herrschte ihn der Mann im Anzug an, und Thomas setzte sich langsam in Bewegung. Er setzte seine Schritte mit Bedacht, wie jemand, der fürchten musste, auf unsicherem Grund jederzeit einbrechen zu können.

Auch der hintere Raum war unmöbliert. Die Holzläden vor dem rückwärtigen Fenster waren geschlossen, aber von der Decke baumelte eine nackte Glühbirne, die Schattenlich-ter über die verblasste und an einigen Stellen schon herunter-gerissene Tapete warf. In der Mitte des Zimmers kniete Stef-fen auf dem Boden, die zitternden Hände erhoben. Seitlich von ihm stand ein Mann in Freizeitkleidung und hielt ihm den Lauf einer Pistole an den Kopf.

»Bitte«, sagte eine weibliche Stimme hinter ihm mit einem Akzent, den Thomas nicht zuordnen konnte, »bitte nehmen Sie doch Platz neben Ihrem Freund, ja?«

Der zarten Stimme folgte ein weitaus weniger zärtlicher Schlag in den Rücken und Thomas fiel neben Steffen auf die Knie. Die Frau befand sich jetzt genau hinter ihnen, sie beugte sich so tief zu ihm herunter, dass Thomas ihr süßliches Parfum riechen konnte. Er wagte es nicht, den Kopf zu drehen, um sie anzusehen.

Steffen hatte die Augen geschlossen, wimmerte leise und zitterte am ganzen Körper. Thomas richtete seinen Blick starr nach vorn. Er sah die Wand mit der schäbigen Tapete, den absplitternden Lack am Fensterrahmen und wie ein dünner Sonnenstrahl zwischen den Ritzen der Klappläden aufblitzte und wurde sich vage bewusst, dass dies wohl das Letzte sein würde, was er auf dieser Welt zu sehen bekäme.

»Sie müssen keine Angst haben«, flüsterte die Frau, aber Thomas wusste, dass sie log. Die Frau war wie die Katze, die noch ein bisschen mit den Mäusen spielte, bevor sie zuschlug.

Als wolle sie seine Ahnung bestätigen, wiederholte die Frau noch einmal, dass sie keine Angst haben müssten, fügte aber diesmal leise hinzu: »Es wird sehr schnell gehen.«

***

Die Tür des Hauses öffnete sich und ein alter Mann kam heraus. Als er Maik sah, nickte er zufrieden und ging auf dem Sommerdamm davon. Der Biker trug immer noch seinen Helm und bedrohte Maik nun mit seiner eigenen Pistole. Aus der offenen Tür trat jetzt ein kaugummikauender Glatzkopf und winkte ihn herein. Der Biker blieb zurück.

Im Inneren des Hauses wartete ein Mann im grauen Anzug auf ihn, an der Wand lehnte ein weiterer Kahlkopf und musterte Maik abschätzend.

»Ihr habt ja ganz schön was aufgefahren, wenn man bedenkt, dass ihr es nur mit zwei blutigen Amateuren zu tun habt«, sagte Maik.

Der Mann betrachtete seine Fingernägel und sprach, ohne Maik dabei anzusehen. »Wir neigen zu einer gewissen Vorsicht, das ist richtig. Man kann schließlich nie wissen, oder?«

Maik stutzte. Die Stimme des Mannes hatte er schon mal gehört. »Kennen wir uns?«, fragte er vorsichtig.

Der Mann sah von seinen Fingernägeln auf. Er lächelte scheinbar verlegen, als habe man ihn bei einer Unachtsamkeit ertappt. Er hob seine rechte Hand ans Ohr und spreizte den Daumen und den kleinen Finger ab – die Telefonhörergeste.

»Du hast dich wirklich ganz schön ins Zeug gelegt, um uns das zurückzubringen, was dein Kumpel, sagen wir mal, schmählich veruntreut hat.«

Maik sagte nichts. In seinem Kopf wirbelten die Gedanken wild durcheinander, bei dem vergeblichen Versuch, die neue Situation einzuschätzen.

»Aber du hast uns diesen Zoran ja auch angeschleppt, Maik. Und der hat uns jede Menge Ärger gemacht.« Der Mann schüttelte den Kopf wie ein Lehrer, der von einem seiner besten Schüler schwer enttäuscht worden war.

»Moment mal, heißt das etwa...«

»Maik!« Der Mann schnitt ihm das Wort ab. »Hast du wirklich geglaubt, wir verlassen uns darauf, dass du uns allein Koks für eine Viertelmillion zurückholst?«

»Ihr wart die ganze Zeit...«

»Im Hintergrund. Mehr brauchst du nicht zu wissen.«

Maik wusste, dass er damit noch nicht aus der Sache raus war. Es war noch keine endgültige Entscheidung gefallen, was mit ihm passieren würde. Der Kahlköpfige lehnte gegenüber an der Wand und grinste ihn frech an. Der Mann im Anzug fuhr sich mit den Fingern in den Hemdkragen und stöhnte.

»Das ist aber auch eine Hitze hier drin.«

»Und dann erst die Stechmücken!« Der Glatzkopf schlug sich mit der flachen Hand in den Nacken.

»Ist halt so am Rhein.«

»Ich scheiß dir was auf den Rhein.«

Der Mann im Anzug verdrehte in gespieltem Entsetzen die Augen. »Hast du das gehört, Maik? Keinen Respekt mehr vor der Natur, diese Stadtkanaken.«

»Ich geb dir gleich was Stadtkanaken«, sagte der Glatzkopf, gähnte aber dabei.

Sie wollten ihn mürbe machen, Maik kannte das. Das waren Spielchen. Er durfte jetzt auf keinen Fall Nerven zeigen. Ruhig bleiben, ganz ruhig bleiben.

Als die Tür zum Hinterraum geöffnet wurde, nahmen die beiden sofort Haltung an. Eine Frau in Jeans und Sneakers kam heraus und sah Maik interessiert an. Sie trug eine geknöpfte weiße Bluse und war dezent geschminkt. Der Kahlkopf stieß sich von der Wand ab, ging in den hinteren Raum und schloss die Tür. Nun waren nur noch der Anzugträger, die Frau und Maik vorne.

»Hallo Maik«, sagte die Frau freundlich und lächelte, aber ihre Augen blieben davon unberührt.

Maik schätzte sie auf Ende dreißig, Anfang vierzig. Wäre er ihr auf der Straße begegnet, hätte er sie vielleicht für eine dieser sportiven Boutiquenbesitzerinnen gehalten, die nebenbei immer ein bisschen Koks für die edle Stammkundschaft unter der Theke

215

haben. Sie war klein und zierlich, aber Maik wusste, dass er sich davon nicht verleiten lassen durfte, sie zu unterschätzen.

Der Mann im Anzug und die Frau wechselten einen Blick, dann ging der Mann nach draußen.

»Sowas passiert dir bestimmt nie wieder, oder Maik?«, fragte die Frau, und sah ihn dabei forschend an.

»Nein«, entgegnete er mit brüchiger Stimme. »Nie wieder.«

Die Frau nickte, ihr Lächeln wurde breiter: »Schöner Hut.«

Sie ging an Maik vorbei zur Tür, drehte sich auf der Türschwelle um und sagte: »Na, komm schon.«

Der kaugummikauende Glatzkopf saß am Steuer des Vans, der Anzugträger lehnte an der Seite des Fahrzeugs und rauchte. Als er die Frau aus dem Haus kommen sah, drückte er die Zigarette aus und öffnete die hintere Schiebetür. Sie stieg ein und bedeutete Maik, sich neben sie zu setzen.

»Was ... was wird denn jetzt aus den beiden Bankern?«, fragte er vorsichtig.

Die Frau sah ihn mit verwundert hochgezogenen Augenbrauen an. »Banker? Welche Banker denn? Ich weiß wirklich nicht, von wem du sprichst, Maik.«

***

Thomas Danzer schloss die Augen und betete.

Er war als Teenager konfirmiert worden und hatte die Konfi-Zeit mit Unterricht und Kirchenbesuchen wie die meisten seiner Freunde nur deshalb freiwillig durchgestanden, weil am Ende des Glaubensbekenntnisses eine Feier mit üppigen Geldgeschenken lockte. Jetzt war er dankbar, dass das Vaterunser so tief in seinem Gedächtnis verankert war, dass er es wie ein Mantra mehrmals hintereinander aufsagen konnte. Die erhobenen Arme schmerzten furchtbar, aber jedes Mal, wenn er sie ein Stück herunternahm, schrie ihn der Mann mit der Pistole an.

Thomas öffnete die Augen und schielte zu Steffen hinüber. Aus dem Augenwinkel sah er, dass Steffen das Kinn auf die Brust gesunken war. Seine Augen waren geschlossen. Seine Lippen zitterten.

Die Tür hinter ihnen wurde geöffnet und wieder geschlossen, Leute kamen und gingen, ein Motor wurde gestartet, dann wurde es stiller. Er hörte, wie sich der Mann in den Freizeitklamotten, von dem er gegenwärtig nur die Jeansbeine und die schwarzen Turnschuhe sehen konnte, mit einem anderen Mann unterhielt, der hinter ihnen stehen musste. Thomas verstand nicht, über was die beiden Männer redeten, er war dabei, in einen Zustand abzudriften, in dem er nichts mehr wünschte und hoffte, außer vielleicht, dass es bald vorbei sein würde.

Er hatte weder mit seinem Vater noch mit seiner Frau oder mit sich selbst seinen Frieden gemacht, aber sterben würde er trotzdem. Sein Sohn würde in irgendeinem Drecksloch verrecken, wenn er nicht sowieso schon tot war. Erneut klammerte er sich an das Vaterunser und als er gerade bei *dein Wille geschehe* angelangt war, sagte Steffen neben ihm mit bebender Stimme: »Können wir uns nicht bitte irgendwie einigen?«

Der Mann mit der Pistole lachte. »Hast du gehört, der will sich mit uns einigen!«

»Ja, ja«, hörte Thomas den anderen Mann hinter ihnen mit gelangweilter Stimme antworten. »Das wollen sie am Ende immer alle. Sich einigen.«

»Ich wollte doch nur meinem Freund helfen, das war ein Fehler, das habe ich jetzt eingesehen. Ich war ja so dumm.«

Thomas sagte nichts. Er starrte auf den Lichtschlitz zwischen den Läden. Seine Knie schmerzten, die Muskeln in seinen Armen begannen zu krampfen. Der Schmerz erinnerte ihn daran, dass er noch am Leben war. Als er jetzt die Arme herunternahm, schritt niemand ein. Seine Schultern brannten, aber seine Arme waren taub und schwer und hingen wie Fremdkörper an ihm herab.

»Bitte...«, hörte er Steffen neben sich um Gnade stammeln, »lassen Sie mich doch leben...«

»Ich glaube nicht, dass das geht, wir haben ja auch unsere Anweisungen, weißt du?«, sagte der Mann.

»Aber...«, setzte Steffen erneut an, wurde jedoch rüde unterbrochen.

»Halt's Maul jetzt und hör auf zu jammern.«

Das Geräusch, als die beiden Männer ihre Waffen durchluden, hörte sich in der Stille unnatürlich laut an.

Die Schüsse fielen kurz hintereinander. Das Dröhnen füllte den ganzen Raum aus. Steffen kippte vornüber und Thomas wunderte sich, dass er das alles noch sehen konnte. Er spürte, wie etwas auf seinen Kopf rieselte und sich in seinen Haaren verfing, sein Blickfeld verschwamm, er wartete auf den Schmerz und das Blut, stattdessen sah er einen feinen Sandregen vor sich niedergehen.

»Das ist aber auch alles morsch hier, jetzt sieh dir mal die Schweinerei an!« Der Mann in den dunklen Jeans und dem Freizeithemd fluchte und klopfte sich Sand und Staub von den Armen.

Der andere Mann lachte. »Sei froh, dass nicht die ganze Decke mit runtergekommen ist.«

Thomas begriff, dass die beiden Killer in die Zimmerdecke geschossen hatten, aber nicht, warum sie es getan hatten. Vielleicht wollten sie noch ein bisschen mit ihnen spielen. Steffen lag zusammengekauert auf den Holzdielen und rührte sich nicht, sein Rücken war von einer dünnen Schicht aus Mörtelstaub bedeckt.

Thomas spürte, wie sich der Mann zu ihm herunterbeugte, so wie es die Frau vorhin auch getan hatte, nur dass der Kerl nicht nach süßlichem Parfüm, sondern nach saurem Schweiß und Zigarettenrauch roch.

»Jetzt aber mal Spaß beiseite, Herr Danzer«, knurrte der Mann in Thomas' Ohr. »Momentan darf es keine weiteren Leichen geben, die sind nicht gut fürs Geschäft. Vor allem, wenn es sich um zwei Saubermänner wie euch handelt, da suchen die Bullen solange, bis sie was finden, also Glück gehabt. Sollten wir uns aber irgendwann noch einmal begegnen, kommen sie nicht so glimpflich davon. Also immer schön sauber bleiben, ja?«

Thomas verstand nicht. Er wartete immer noch auf den tödlichen Schuss. Er wartete selbst dann noch, als die beiden Männer bereits gegangen waren. Offenbar hatten sie die Türen nicht geschlossen, denn Thomas spürte eine leichte warme Brise im Nacken, die sich auf der schweißnassen Haut trotz seiner Angst wunderbar anfühlte. Er kämpfte mit den Tränen. Steffen lag immer noch auf dem Boden und bewegte sich nicht.

Vielleicht, dachte Thomas auf einmal, hatten die Männer ihn ja wirklich erschossen. Als Steffen ein Bein ausstreckte und stöhnte, war er fast ein bisschen enttäuscht.

»Ich bin tot, ich bin tot«, wimmerte dieser mit weinerlicher Stimme.

»Du bist nicht tot«, entgegnete Thomas, »aber ein Arschloch, das bist du.«

Draußen vor dem Häuschen war niemand mehr. Der schwarze Van war verschwunden. Thomas torkelte den Damm hinunter zum Altrheinufer. Hier lag ein kleines Boot, eine Aufschüttung aus Steinen trennte weiter vorne den Altrheinarm vom Hauptstrom. Ein warmer Wind fuhr ihm übers Gesicht, Sonnenstrahlen glitzerten auf dem Wasser, es roch nach Gras und Sommer. Er sog die Luft tief in sich ein, atmete aus, atmete ein, immer wieder, dann spürte er, wie ihm erneut die Tränen kamen. Köstliche Erleichterung erfasste ihn. Er war am Leben.

Die Erleichterung über sein wiedergewonnenes Leben verflog allerdings so schnell, wie sie gekommen war, denn mit den Killern, der merkwürdigen Frau und dem ganzen Anhang war auch der Typ verschwunden, der Benny in seiner Gewalt hatte.

Als Thomas wieder vor dem Häuschen ankam, saß Steffen auf den Treppenstufen vor der Tür, die Ellenbogen auf die Knie gestützt, den Kopf in die Hände gelegt. Er überlegte, ob er etwas zu ihm sagen sollte, aber da war nichts mehr zu sagen.

Thomas nahm den Weg über den Sommerdamm zurück zum Parkplatz. Einen Moment lang fürchtete er, die Schlüssel verloren zu haben, bekam sie aber sofort zu fassen, als er in die Hosentasche griff. Er stieg in den Wagen und startete den Motor.

***

Der Fahrer des schwarzen Vans verließ die A5 am Westkreuz und fuhr in Richtung Innenstadt. Die Frau neben Maik las Nachrichten auf ihrem Handy, der Mann im Anzug sah stur geradeaus.

»Wo willstn raus, Kumpel?«, fragte der Fahrer, ohne sich zu ihm umzudrehen, weswegen Maik erst gar nicht kapierte, dass mit ihm gesprochen wurde, und nicht reagierte.

»Hey, ich hab dich was gefragt, Django!«

Die Frau sah von ihrem Handy auf und warf Maik einen amüsierten Blick zu, erst da verstand er.

Tatsächlich hatte er sich darüber noch gar keine Gedanken gemacht. Vielleicht deshalb, weil er noch immer nicht vollständig davon überzeugt war, dass er die Sache heil überstanden hatte. Als sie in Groß-Gerau nicht gleich auf die Autobahn gefahren waren, sondern die Landstraße nach Mörfelden-Walldorf genommen hatten, war er sicher gewesen, dass sie irgendwo auf der bewaldeten Strecke anhalten und ihn dort im Unterholz erschießen würden. Ein Einbruch in ein Pumpenhaus am Rhein, ein toter Drogenkurier in einem Waldstück an der B44 – da würde niemand sofort einen Zusammenhang konstruieren.

Aber sie hatten nicht angehalten, sondern waren in unauffälligem Tempo bis zum Autobahnzubringer bei Langen gefahren und jetzt tauchten schon die ersten Schilder auf, die den Verkehr in Richtung *Messe / Innenstadt* leiteten.

»Ja, was ist jetzt?« Der Glatzkopf am Steuer wurde ungeduldig.

»Vielleicht«, mutmaßte die Frau, »möchte unser Freund hier ja erstmal nach Hause?«

Nach Hause, dachte Maik. Wie lange war er da nicht mehr gewesen? In den letzten Wochen war das Präsidium so etwas wie sein Zuhause. Er überlegte, ob er von Danzers Sohn erzählen sollte, der dort immer noch in seiner Zelle saß, entschied sich aber dagegen. Sein eigentliches Zuhause war ein Kellerloch in einem Hinterhaus im Bahnhofsviertel, das er aus offensichtlichen Gründen in den letzten Tagen gemieden hatte.

Der Mann im Anzug grinste schief. »In seiner kleinen Luxus-Suite muss er aber erstmal aufräumen...«

»Und ein neues Schloss an der Tür anbringen«, fügte der Fahrer hinzu.

Maik verstand: Natürlich hatten sie auf der Suche nach der Drogentasche zuallererst seine Wohnung gefilzt.

»Naja, viel zu klauen gibt's da ja nicht«, sagte der Anzugträger und gähnte.

»Wie dem auch sei«, säuselte die Frau, deren Parfümwolke ihm langsam Kopfschmerzen bereitete. »Eine heiße Dusche täte ihm jedenfalls gut.«

»Der Maik ist halt ein alter Stinker«, sagte der Fahrer, schlug mit der flachen Hand aufs Lenkrad und lachte über seine doofe Bemerkung, als wäre es der beste Witz des Jahrhunderts.

»Lasst mich einfach vorm Bahnhof raus, ja?«, sagte Maik, der so schnell wie möglich aus dem Van heraus wollte.

»Na also, geht doch«, brummte der Fahrer, die anderen beiden schwiegen.

»Hör mal, Süßer«, hauchte die Frau in Maiks Ohr. »Du warst bisher immer zuverlässig, aber diesmal hast du's so richtig vermasselt. Normalerweise müssten wir uns von dir auf die endgültige Art trennen, das weißt du doch, oder?«

Maik schluckte, seine Knie wurden weich.

»Aber ich mag dich irgendwie, also bist du auf Bewährung, alles klar?«

»Alles klar«, antwortete er tonlos, und die Frau zwinkerte ihm vielsagend zu.

Wenig später stand Maik in der Taunusstraße und konnte sein Glück immer noch nicht fassen. Er war aus dem Wagen gestiegen und die Frau hatte mit einem Kopfnicken dafür gesorgt, dass der Anzugträger ihm noch ein kleines Abschiedsgeschenk überreichte: Ein neues Prepaidhandy, auf dem genau eine Nummer gespeichert war.

»Wir melden uns dann«, hatte der Mann gesagt, die Seitentür des Vans zugezogen und mit der nächsten Lücke war der Kleintransporter im dichten Verkehr vorm Hauptbahnhof verschwunden.

Ein paar Straßen weiter betrat Maik durch eine unscheinbare Einfahrt einen Hinterhof, in dem das Unkraut zwischen den aufgesprungenen Steinplatten hervorwucherte. Er nahm die Außentreppe in den Keller des Hinterhaus und sah die Bescherung sofort, die Tür zu seiner Wohnung war eingetreten worden, wo sich einmal ein ohnehin nicht besonders sicheres Schloss befunden hatte, gähnte ein Loch in der Tür.

In der Einzimmerwohnung lagen seine wenigen Habseligkeiten durcheinander auf dem Boden verstreut. Alle Schubladen waren aufgerissen, der Inhalt durchwühlt. Die Matratze, auf der er schlief, war aufgeschlitzt, die Polster des Sofas auch, der Fernseher lag mit dem Bildschirm zuunterst davor. Auf der Küchenzeile unter dem Fenster lag zerbrochenes Geschirr.

Maik hob den Fernseher auf, der offenbar keinen nachhaltigen Schaden davongetragen hatte, und räumte ein paar Sachen aus dem Weg. Er zog sich aus und warf seine Kleidungsstücke achtlos auf einen Haufen, suchte nach einem Handtuch und stieg schließlich in die Telefonzellendusche, die in der Ecke neben der ramponierten Eingangstür untergebracht war.

Die parfümierte Frau hatte recht: Die Dusche tat ihm gut. Er seifte sich ein und ließ das warme Wasser so lange über sich laufen, bis es in den Leitungen röhrte und die Temperatur langsam abfiel. Er stieg aus der Duschzelle, frottierte sich trocken und suchte frische Unterwäsche.

Später saß er in Slip und T-Shirt auf dem Boden vor der Couch mit dem einzigen unzerstörten Polsterkissen im Rücken, neben sich eine noch halbvolle Flasche Cola und die Überreste einer Raviolimahlzeit, die er kalt aus der Dose herausgelöffelt hatte.

Er musste sich bald auf den Weg machen und den Jungen befreien, der noch keine Ahnung davon hatte, dass er nun

Halbwaise war. Maik zweifelte nicht daran, dass man die beiden Banker im Pumpenhaus am Rhein hingerichtet hatte.

Vor dem schmutzigen Souterrainfenster wurde es schon dunkler, die Nachmittagssonne verabschiedete sich langsam aus dem Hinterhof und hinterließ schattiges Zwielicht.

Maik schloss einen Moment die Augen und fing sofort an zu träumen. Er saß im klapprigen Waggon einer Achterbahn, die ungebremst auf einen Abgrund zuraste, er klammerte sich an seinen Sitz und spürte, wie der Waggon aus den Gleisen getragen wurde und abhob, aber anstatt zu fallen, schwebte er durch die Luft, einem wolkenlosen kobaltblauen Himmel entgegen. Als Maik wieder erwachte, war es schon stockfinster in seinem Zimmer. Er drehte sich auf die Seite und schlief weiter, diesmal traumlos.

***

Benny bemerkte das Schwinden des Lichts in seiner Zelle.

Er war heute Morgen, nachdem Maik ihn wieder eingeschlossen hatte, in einen unruhigen Tagesschlaf gefallen, aus dem er immer wieder aufgeschreckt war. Sein Zeitgefühl war ihm fast vollständig abhandengekommen, aber jetzt wurde es doch merklich düsterer in seinem Gefängnis, in das durch die Ecke mit den dicken Glasbausteinen ohnehin nur wenig Tageslicht einsickerte – und elektrisches Licht gab es hier schon lange nicht mehr.

Benny setzte sich auf die harte Bank, den einzigen Einrichtungsgegenstand in der Zelle. Er hatte eine dünne Isomatte, eine ranzige Decke und eine leere Wasserflasche, ansonsten nur das, was er am Leib trug. Den Rucksack mit der Kamera hatte Maik ihm abgenommen. Von der letzten Nacht hatte er wegen der K.-o.-Tropfen nicht viel mitbekommen, das würde diesmal anders werden.

Er fragte sich, ob man ihn schon vermisste. Ob schon irgendetwas in die Wege geleitet war. Benny fröstelte und schlang die Arme um seinen Oberkörper. Es war gar nicht so kalt, aber er zitterte trotzdem. Was wenn dieser Maik, dem er wie ein doofer kleiner Junge vertraut hatte, ihn hier drin einfach verdursten ließ? Wie lange hielt man es ohne Wasser aus, waren das zwei oder drei Tage? Sie hatten darüber gesprochen. In der Schule. Im Biounterricht.

Wie fern das auf einmal alles war: Schule, Freunde, sein Zuhause, seine Eltern ... seine nervigen Eltern, die er so verachtete. Momentan wünschte er sich nichts sehnlicher, als sie möglichst bald wiederzusehen. Er würde alles dafür geben, jetzt mit ihnen am Küchentisch zu sitzen und sich ihre furchtbar gutgemeinten Ratschläge anhören zu müssen.

Benny biss sich auf die Unterlippe. Er wollte nicht schon wieder flennen, aber die Tränen liefen schon.

Um irgendwas zu tun und sich abzulenken, stand er auf und ging zur Tür, legte den Kopf an das kalte metallene Türblatt und lauschte, aber alles, was er hörte, war das Rauschen seines eigenen Blutes in den Ohren. Die Stille war undurchdringlich. Die Stille der Kacheln und der alten Mauern. Er dachte an die Kupferdiebe, an Obdachlose und Junkies ... alles war besser, als hier drin zu sterben. Benny schlug mit der flachen Hand gegen die Tür und schrie so lange, bis er erschöpft war, dann sank er auf die Bank zurück, den Kopf auf der Brust, die Beine angezogen. Das Licht in der Ecke war noch da, zog sich jetzt aber von Minute zu Minute mehr zurück, sodass sich die Konturen seines Gefängnisses langsam vor seinen Augen auflösten.

Das Schaben schien zunächst gar nicht von draußen, sondern aus den Mauern, den Fliesenwänden zu kommen. Benny dachte an Mäuse oder Ratten, aber wie sollten die denn in die Wände kommen? Die Ecken der Zelle waren nur noch schwarze Pfützen, in denen jetzt alles Mögliche lauern konnte. Vielleicht würde er heute Nacht, wenn die Schwärze vollkommen undurchdringlich war, noch nicht sterben, aber vor Angst den Verstand verlieren, wahnsinnig werden. Dinge hören und dann auch sehen, die es gar nicht gab, so wie er jetzt hörte, dass aus dem Schaben ein Kratzen wurde und aus dem Kratzen ein Knirschen.

Benny hob den Kopf und glaubte zu träumen: die Tür bewegte sich. Es entstand ein schmaler Spalt, der sich aber ruckartig vergrößerte. Schließlich wurde die Tür ganz geöffnet, aber er konnte nicht sehen von wem. Er stand auf, taumelte auf die Tür zu und schreckte zurück: der Lichtschein einer Taschenlampe traf und blendete ihn, sodass er die Arme vor die Augen halten musste.

***

Petra hörte, wie jemand von draußen die Tür zum Heizungskeller aufschloss. Der Homöopath, der die ganze Zeit im Sitzen vor sich hingedöst hatte, war mit einem Sprung auf den Beinen und fluchtbereit. Petra sah kurz zu ihm rüber, dann drehte sie sich wieder zur Tür.

Thomas sah erbärmlich aus. Seine Kleidung zerrissen und verdreckt, die Lippe geschwollen, die Augen rot, das Gesicht von einem Schweißfilm überzogen. Er hielt sich am Türrahmen fest und sagte: »Ich habe Benny gesucht, bin rumgefahren, die ganze Zeit, aber ich habe ihn nicht gefunden…«

»Wo ist denn der ... Typ?«

Thomas schüttelte den Kopf. »Der ist weg, ich weiß nicht wohin. Deshalb bin ich ja rumgefahren ...«

»Okay, okay ...« Petra versuchte nachzudenken. Thomas stand offensichtlich unter Schock. Was auch immer passiert war, es hatte ihm arg zugesetzt. Wie um ihre Gedanken zu bestätigen, sank ihr Mann auf einmal in sich zusammen, seine Beine knickten einfach unter ihm weg, und er landete rücklings auf dem Boden.

Petra beugte sich über ihn, seine Augen waren geschlossen, aber er atmete.

»Jetzt komm schon her und hilf mir!«, fuhr sie den Homöopathen an, der an den Heizkessel gelehnt dastand, als ginge ihn das alles nichts an.

»Und was soll ich, deiner Meinung nach, tun?«

»Hilf mir einfach, ihn nach oben zu bringen!«

Unwillig packte der Homöopath Thomas unter den Armen und Petra nahm seine Beine, so schleppten sie den Bewusstlosen nach oben und legten ihn auf die Couch.

»Und jetzt wäre es an der Zeit, die Polizei zu informieren.« Der Homöopath stützte sich vornübergebeugt mit den Händen auf die Oberschenkel und atmete schwer.

»Nein!«, entgegnete Petra sofort. »Nicht solange wir nicht wissen, was mit Benny ist.«

»Ihr seid doch alle ...«

»Was sind wir alle?«

Der Homöopath winkte ab. »Ich gehe jetzt nach Hause.«

»Tu das«, sagte Petra, ohne ihn anzusehen, ihr war gerade ein Gedanke gekommen. Sie nahm ihr Handy vom Tisch und rief die Nummer ihres Sohnes an, aber es ging niemand ran. Vielleicht hatte es der Entführer auch weggeworfen.

Petra saß am kurzen Ende der Couch, draußen wurde es schon dunkel. Thomas stöhnte im Schlaf, die Haustür fiel ins Schloss, jetzt waren sie wieder allein.

***

Der Schrei der Person hinter der Taschenlampe war ein hohes, überraschtes Kreischen, das Benny in den Ohren schmerzte. Er ließ die Arme sinken und sah ein Mädchen mit halblangen lockigen Haaren im Zwielicht stehen, die mit der Taschenlampe in ihrer Hand wild herumfuchtelte.

»Da ist einer, da ist einer, da ist einer!«, stieß sie immer wieder atemlos hervor.

Jetzt hörte er auch andere Geräusche, Schritte und Stimmen, die vom Zellenflur hereindrangen, da waren noch mehr Personen. Als nächstes tauchte ein Junge mit raspelkurzen Haaren neben dem Mädchen auf, auch er hatte eine Taschenlampe in der Hand und richtete sie genau auf Benny, der erneut abwehrend die Arme hob.

»Könnt ihr mal damit aufhören?«

»Hä?«

»Na, mit dem Licht!«

»Ach so!« Der Junge nahm die Lampe ein Stück runter. Das Mädchen leuchtete jetzt den Jungen an: Er trug Nike-Sneaker und eine Lonsdale-Sweatjacke. Wie ein Obdachloser sah er nicht aus. Auch nicht wie ein Kupferdieb oder ein Junkie. Das Mädchen mit den Locken starrte Benny mit offenem Mund an, dann fragte sie: »Bist du hier auch am Feiern?«

»Was bin ich?« Benny war verwirrt. Erst jetzt erkannte er, dass sie in der anderen Hand eine Bierdose hielt.

»Wir sind mit Johnny rein, du auch?« Der Junge zündete sich eine Zigarette an.

»Johnny hat gesagt, das ist die krasseste Location hier, aber so krass, ey, das glaubt doch keiner ...«

»Krass, ja, ziemlich ... krass.«

Benny machte einen Schritt auf die beiden zu und sie wichen zur Seite, um ihn durchzulassen. Er trat hinaus auf den Flur, wo immer noch ein Rest abendliches Licht durch die hohen Fenster fiel, am Ende des Ganges kniete ein Junge und wühlte in einem Rucksack herum.

»Hey!«, rief Benny und ging auf den Jungen zu. »Finger weg!«

Der Junge drehte sich um und sah mit gerunzelter Stirn zu ihm herauf. »Chill mal, Alter, wer bist'n du überhaupt?«

»Das ist meiner!« Benny deutete auf seinen Rucksack.

»Ach ja? Kannste das beweisen?«

»Ich kann dir mal auf die Fresse hauen, du Arsch!« Die Anspannung der letzten Stunden entlud sich in einem Schrei. Benny bebte, er stand mit geballten Fäusten vor dem Jungen, der langsam und mit erhobenen Händen aufstand.

»Ist schon gut, ist deiner, alles klar, kein Stress, okay?« Er schob ihm den Rucksack zu und Benny nahm ihn auf, schulterte ihn und ging rückwärts den Flur in Richtung Ausgang des Zellentrakts, als müsse er seinen Rückzug decken und die drei Teenager nicht aus den Augen lassen.

Der Junge mit der Zigarette und das Mädchen, das ihn befreit hatte, standen jetzt hinter dem anderen Jungen, der in seinem Rucksack herumgewühlt hatte, und sahen misstrauisch dabei zu, wie Benny sich von ihnen entfernte.

Er verließ den Trakt auf der Seite mit der Wand aus Glasbausteinen und nahm das gewundene Treppenhaus in das untere Stockwerk. Mit einer Hand durchsuchte er im Gehen seinen

Rucksack, fand die kleine Taschenlampe und leuchtete den Weg vor ihm aus, um nicht in herumliegende Nägel oder Stacheldrahtrollen zu treten. Im Erdgeschoss überfiel ihn Orientierungslosigkeit, von oben hallten die Stimmen der Partygruppe zu ihm herunter, in den Ecken und schmalen Gängen, wo es schon tagsüber kaum Licht gab, sah man jetzt die Hand vor Augen nicht.

Der Schein seiner Taschenlampe huschte über kahle Wände und Türen, von denen der Lack blätterte, die Zimmerflucht vor ihm wurde nach wenigen Metern von der Dunkelheit verschluckt. Er hätte oben bei seinen Befreiern bleiben und sie fragen sollen, wie und wo sie reingekommen waren. Er hatte vollkommen überreagiert. Schon überlegte er, das Treppenhaus wieder nach oben zu gehen, aber die Stimmen hatten sich bereits entfernt. Die Angst, sich oben zu verlaufen, war einfach zu groß. Benny machte probehalber ein paar Schritte in die Dunkelheit hinein, folgte dem einsamen Lichtspot seiner Taschenlampe und gelangte in die Eingangshalle mit dem geschwungenen Treppenaufgang und den Säulen. Von hier aus hatte er eine vage Idee, wo sich das Schlupfloch befand, durch das er vor zwei Tagen mit Maik hereingekommen war.

Eine Weile stolperte er durch einen Nebengang und glaubte schon, erneut die Orientierung verloren zu haben, als er den Schulungsraum erkannte, der Lichtspot erfasste die hintereinander angeordneten Tische und Bänke, die Stützsäulen und die Tafel am Ende des Raums. Benny tastete sich an der Wand entlang und fand den schmalen Gang, der in den Nebenraum mündete, durch dessen dreckverschmierte Fenster ein wenig Licht fiel.

Wenig später stand er auf der Straße vor dem Präsidium. Autos mit eingeschalteten Scheinwerfern schossen in beiden Richtungen vorbei, die Lichter der Hochhäuser kamen ihm tröstlich vor, er fror ein bisschen, aber das war nicht schlimm.

Er dachte, dass er sich jetzt doch eigentlich freuen müsste, aber er empfand keine Freude, nur grenzenlose Erleichterung.

Benny lief zum Hauptbahnhof und setzte sich dort in die S-Bahn, ohne einen Fahrschein zu lösen. An die Geldbörse in seinem Rucksack dachte er gar nicht, weil er immer noch nicht restlos davon überzeugt war, dass er das alles nicht nur träumte und jeden Moment auf der harten Sitzbank in seiner Zelle erwachen würde – in kompletter Finsternis.

***

Thomas erwachte auf der Couch im Wohnzimmer. Er fühlte sich, als hätte man ihm jeden Knochen einzeln gebrochen. Seine Zunge klebte am Gaumen, er hatte fürchterlichen Durst.

Petra saß im Schein der Stehlampe im Sessel, sie hatte die Beine von sich gestreckt und einen Arm über die Augen gelegt. Im Haus war es vollkommen still.

Langsam kam er auf die Beine, die sich immer noch so anfühlten, als wären sie aus Gummi. Er schlurfte in die Küche und trank Wasser direkt aus dem Hahn. Als er ins Wohnzimmer zurückkam, saß Petra immer noch im Sessel, aber jetzt mit geöffneten Augen.

»Thomas«, sagte sie leise. »Thomas, was ist passiert?«

Nachdem er ihr alles erzählt hatte, saßen sie ratlos beieinander.

»Früher oder später müssen wir zur Polizei gehen«, sagte Petra schließlich und Thomas nickte.

»Wenn Benny tot ist ...«

»Hör auf«, zischte Petra. »Ich will das nicht hören.«

Thomas legte das Gesicht in die Hände. Ein sanfter Schwindel erfasste ihn. Das Verlangen, sich wieder hinzulegen und von diesem Schwindel davontragen zu lassen, wurde beinahe übermächtig. Er war kurz davor, der erlösenden Ohnmacht nachzugeben, als ihn Petras unterdrückter Schrei in die reale Welt zurückholte.

Auf der dunklen Terrasse stand jemand und sah zu ihnen herein. Im ersten Moment glaubte er, die Killer hätten es sich anders überlegt und wären hergekommen, um ihn doch noch zu erledigen, aber dann erkannte er, dass es Benny war, der da draußen stand.

Petra öffnete die Terrassentür und ließ ihn herein, sie schlug die Hände vors Gesicht. Keiner sagte etwas, sie sahen sich einfach nur an, bis Benny sich räusperte und fragte: »Haben wir vielleicht noch 'ne Pizza oder sowas im Kühlschrank? Ich habe einen Scheißhunger.«

EPILOG – DREI MONATE SPÄTER

Thomas und Petra gingen langsam die Promenade auf der Sachsenhäuser Mainseite entlang. Er hatte seine Krawatte sofort nach der Urteilsverkündung gelockert und später ganz abgenommen. Petra hatte ihn noch im Gericht gefragt, was er jetzt machen wolle, und aus irgendeinem Grund wollte er nichts lieber, als hierher an den Main und denselben Weg gehen, den er in den letzten Wochen so oft mit wachsender Verzweiflung auf und ab gewandert war. Sie gingen schweigend nebeneinanderher und nach einer Weile suchte Petra seine Hand.

Es herrschten noch angenehme Temperaturen für Ende September, auf der Promenade waren Menschen mit ihren Hunden oder auf Rädern unterwegs, Jogger stretchten sich mit ernsten Gesichtern am Wegrand. Vom Fluss wehte ein warmer Wind herüber. Thomas spürte Petras Hand in seiner, er war sich noch nicht sicher, was das bedeutete, aber es fühlte sich nicht schlecht an. Sie hatten viel geredet in den letzten Wochen, auch mit Unterstützung eines Therapeuten. Sie setzten sich auf eine Bank und blickten auf den Fluss, ein Ausflugsboot voller Touristen schipperte vorbei.

Nach einer Weile holte Petra ihr Handy hervor und wischte über das Display. Ohne Thomas anzusehen, sagte sie: »Für manche bist du sogar ein Held...«

Thomas grunzte unwillig. Seit in den Zeitungen über seinen Fall berichtet wurde, gab es eine nicht unwesentliche Anzahl von Leuten, die ihn im Internet als Robin Hood der Finanzwelt feierten. Beifall erhielt er auch von einigen linken Gruppierungen und Kapitalismuskritikern. Er selbst hoffte, dass sein Fall, jetzt nach der Urteilsverkündung, bald in Vergessenheit geriet. Er hatte das Gericht heute zwar nicht als freier Mann verlassen. Aber die Haftstrafe, die der Richter verhängt hatte, wurde zur Bewährung ausgesetzt. Er würde also nicht ins Gefängnis müssen.

Irgendwann während der Prozesstage war Tati bei ihnen zu Hause aufgetaucht und hatte Thomas beschuldigt, Steffen zu krummen Finanzgeschäften verleitet zu haben. Offenbar waren die Summen, die von ihrem Mann veruntreut worden waren, um einiges höher als die Umbuchungen, die Thomas im Interesse seiner bedürftigen Kreditnehmer vorgenommen hatte. Und ein Investmentbanker, der aus Gier Gelder unterschlug, war in den Augen der Öffentlichkeit das genaue Gegenteil eines Robin-Hood-Bankers. Wie Steffen es geschafft hatte, dass Tati wohl tatsächlich glaubte, Thomas sei bei allem die treibende Kraft im Hintergrund gewesen, war kaum erklärbar. Vielleicht wollte sie es auch einfach glauben. Zumindest war Steffen klug genug gewesen, ihr die Sache mit den Drogen komplett zu verschweigen.

Thomas sah zu den glänzenden Hochhausfassaden auf der anderen Mainseite hinüber, blinzelte in die Sonne dieses Spätsommertags und dachte an den Moment im Pumpenhaus, in dem er auf den Todesschuss gewartet hatte, manchmal träumte er davon und schreckte dann schweißgebadet auf. An anderen Tagen kam ihm das alles selbst wie ein Traum vor.

Die wahre Geschichte hatten sie niemandem erzählt, auch nicht der Polizei. Zum einen, weil er sich damit selbst noch mehr belastet hätte, zum anderen aber auch, weil er davon überzeugt war, dass die Polizei allenfalls diesen Maik erwischen würde, aber niemals die parfümierte Frau und ihre Gefolgschaft. Der Killer im Pumpenhaus hatte ihm zum Abschied empfohlen, sauber zu bleiben, und keinen Zweifel daran gelassen, was passieren würde, wenn er ihnen ein weiteres Mal in die Quere käme. Die Danzers hatten nun ein Familiengeheimnis, ob sie das in Zukunft wieder mehr zusammenschweißen oder letztendlich doch trennen würde, war offen.

Thomas sah zu Petra, die neben ihm mit geschlossenen Augen das Gesicht in die Sonne hielt. Er würde jedenfalls den Teufel tun und seine Familie noch einmal in Lebensgefahr bringen.

Benny schien die Erlebnisse im alten Polizeipräsidium einigermaßen verkraftet zu haben. Es war Thomas und Petra nicht entgangen, dass er nachts zum Schlafen das Licht anließ und abends ungern allein zu Hause war, aber das Angebot, therapeutische Hilfe in Anspruch zu nehmen, lehnte er bis jetzt vehement ab. Dass sein Vater offenbar eine Seite hatte, die Benny nie für möglich gehalten hätte, schien dem Jungen eher zu imponieren, als ihn zu beunruhigen.

Die Zukunft war ungewiss. Er brauchte einen neuen Job. Er musste seine Schulden bei der Bank abtragen. Sie würden das Haus verkaufen müssen. Thomas war erstaunt darüber, wie wenig ihn dieser Gedanke belastete. Noch erstaunter war er darüber, dass sowohl seine Frau als auch Benny nichts gegen den Hausverkauf einzuwenden gehabt hatten.

Er spürte, dass Petra die Augen wieder geöffnet hatte und ihn schon eine Zeit lang von der Seite abwartend lächelnd ansah.

Diesmal suchte er ihre Hand.

***

Maik nahm die S-Bahn vom Hauptbahnhof und stieg an der Haltestelle *Farbwerke / Jahrhunderthalle* aus.

Bis zum Parkplatz der Halle waren es von hier aus zu Fuß keine zehn Minuten. Gestern Abend hatte das Prepaidhandy geklingelt, die Instruktionen waren kurz und unmissverständlich. Der erste Auftrag nach dem Desaster im Sommer, eine neue Chance, die er nicht vermasseln durfte.

Am Tag nach der Aktion am Rhein war er ins Präsidium gegangen, um den Jungen zu befreien. Offenbar waren in der Nacht gleich mehrere Gruppen besoffener Partygänger ins Präsidium eingedrungen und hatten dort gefeiert. Die Zelle jedenfalls war aufgesperrt und der Junge weg. Dafür standen überall im Zellentrakt leere Schnapsflaschen und Bierdosen herum.

In den kommenden Wochen hatten Polizei und Sicherheitsdienst die Schlupflöcher endgültig versiegelt. Die Zeiten, in denen er dort abtauchen konnte, waren damit vorüber. Im Internet hatte er gelesen, dass der Umbau des Gebäudekomplexes in ein Wohnquartier nur noch eine Frage der Zeit war.

Maik zündete sich eine Zigarette an und ging auf dem verlassenen Parkplatz vor der Halle auf und ab. Ein Lastwagen rumpelte auf der Straße in Richtung Höchst vorüber, ein roter Kleinwagen kam aus der entgegengesetzten Richtung.

Pünktlich um zehn bog ein weißer VW-Passat auf die Zufahrt und blieb vor Maik stehen. Ein hagerer Mann in seinem Alter stieg aus und warf ihm über das Wagendach hinweg einen fragenden Blick zu.

»Bist du Maik?«

»Bin ich.«

»Okay.«

Der Mann kam um den Wagen herum, öffnete die hintere Tür und Maik wuchtete seine Tasche auf den Rücksitz. Nach der Katastrophe mit Zoran hatten seine Auftraggeber darauf bestanden, selbst einen neuen Partner für Maik auszusuchen.

»Steig ein, ich erkläre dir alles weitere, während wir fahren.«

Maik nickte. Auch das war Teil der neuen Vorsichtsmaßnahmen, er bekam seine Informationen kleinteilig und kurzfristig. Er war jetzt nur noch die Nummer 2.

Sie fuhren vom Parkplatz in Richtung Autobahn. Der Mann lenkte den Wagen mit großer Ruhe, nannte die Route, den Umschlagplatz und das Fahrtziel.

»Du machst das nicht zum ersten Mal«, sagte Maik nach einer Weile und sah dabei stur nach vorne durch die Windschutzscheibe.

Der Mann lachte. »Nein, hab nur 'ne Weile ausgesetzt ...«

»Knast?«

»Auch das, ja.«

Schweigend fuhren sie durch Zeilsheim. Als sie auf den Zubringer zur A66 abbogen, sagte Maik: »Ich hab vorhin deinen Namen nicht verstanden.«

Der Mann schlug sich mit der flachen Hand an die Stirn. »Ach so, ja, sorry, ganz vergessen. Ich bin Udo.«

DANKSAGUNG

Ich danke Herrn Götz Baumgärtner von der GERCHGROUP AG sowie Herrn Patrick Merk und Herrn Günther Schneider von der Savills Facility Management Deutschland GmbH für die unkomplizierte und kompetente Unterstützung bei meinen Recherchen zum alten Frankfurter Polizeipräsidium. Für erste Informationen zum Thema Urban Exploring bedanke ich mich bei Tobias Almeroth. Ein ganz besonderer Dank gebührt (mal wieder) meinem Freund Christian Schulmeyer, in dessen Privatbesitz sich das Pumpenhaus am Rhein befindet, in dem ich den »Showdown« des vorliegenden Romans angesiedelt habe.

DER AUTOR

Ralf Schwob ist Jahrgang 1966 und schreibt seit vielen Jahren regional angesiedelte Spannungsromane. Für seine literarischen Arbeiten wurde er u. a. mit dem Literaturförderpreis der Stadt Mainz und dem Nordhessischen Literaturpreis ausgezeichnet. Er lebt mit seiner Familie im Kreis Groß-Gerau und arbeitet dort als Buchhändler und freier Autor. Im Societäts-Verlag sind bereits »Problem Child« (2013), »Last Exit – Goetheturm« (2015) und »Holbeinsteg« (2017) erschienen.
www.ralfschwob.de